TIERFREUDEN

MIT

LORIOT

DIOGENES

Herausgegeben von Susanne von Bülow, Peter Geyer
Buchgestaltung: Our Art Is Ltd.
Katharina Seebacher

www.diogenes.ch
150/22/852/1
ISBN 978 3 257 02185 1

UMGANG MIT KATZEN

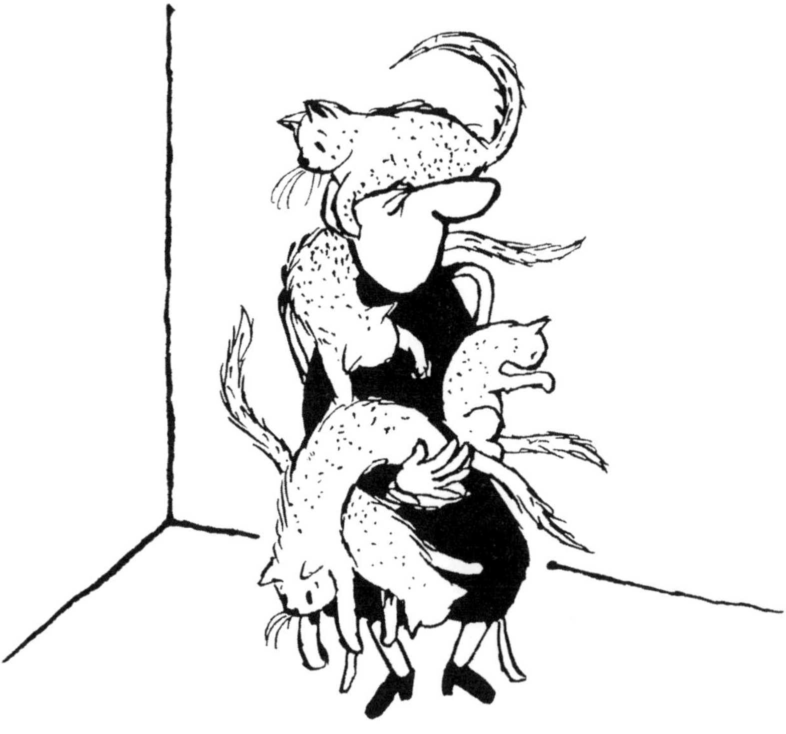

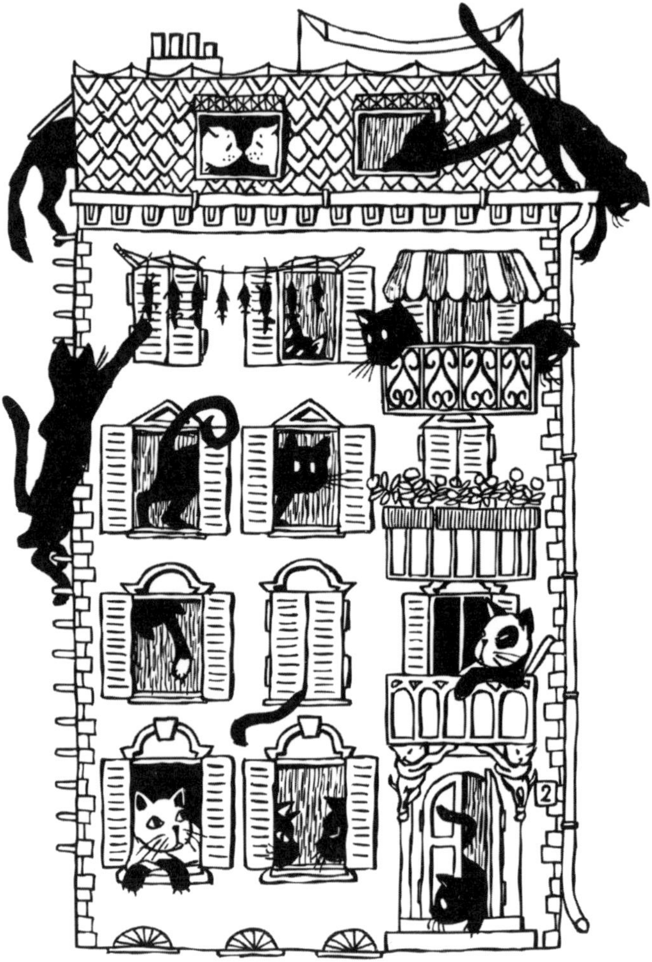

Miez-Kaserne

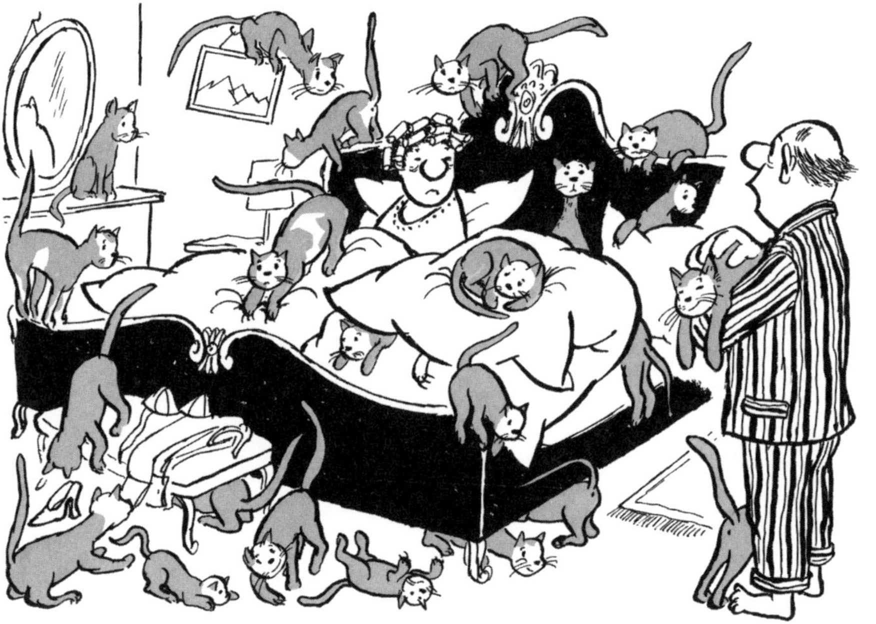

»Eine fehlt noch, dann können wir das Licht ausmachen …«

A

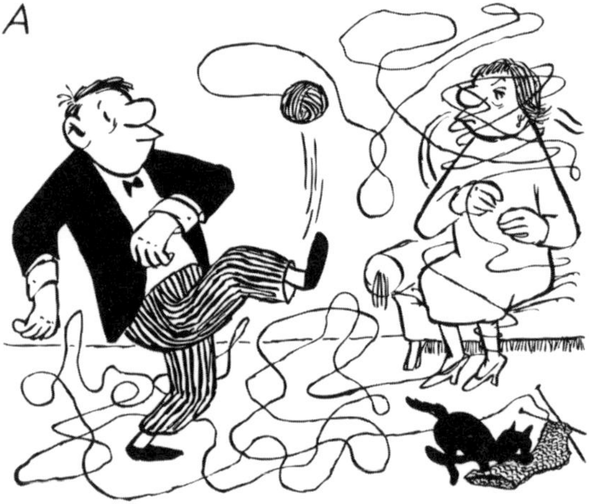

B

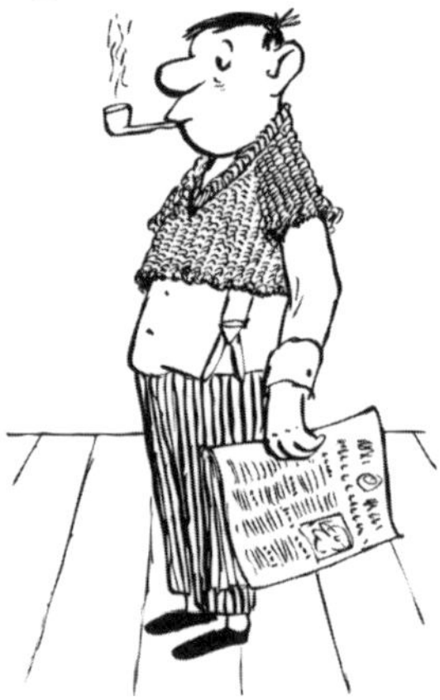

Jugendliche Katzen benötigen Unterricht in Sport und Spiel. Oft genügt eine halbfertige Strickerei, um das possierliche Treiben der Kleinen anzuregen (A). Wollsachen in modischer Eigenwilligkeit sind daher das Kennzeichen vorbildlicher Katzenfreunde (B).

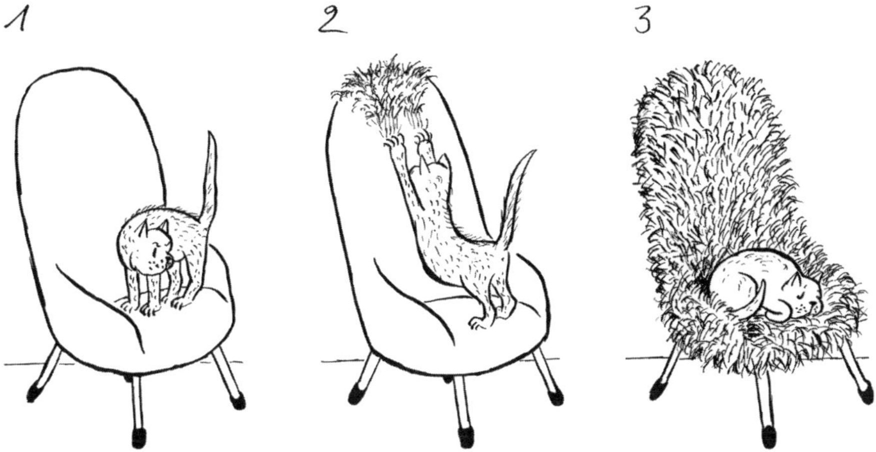

Reifere Katzen sind unentbehrlich für das gemütliche Heim. Ladenfrische Polstermöbel, die meist eine unfrohe Strenge ausstrahlen (1), weisen nach kurzer, aber intensiver Bearbeitung durch das Tier (2) schmiegsame Wohnlichkeit auf (3).

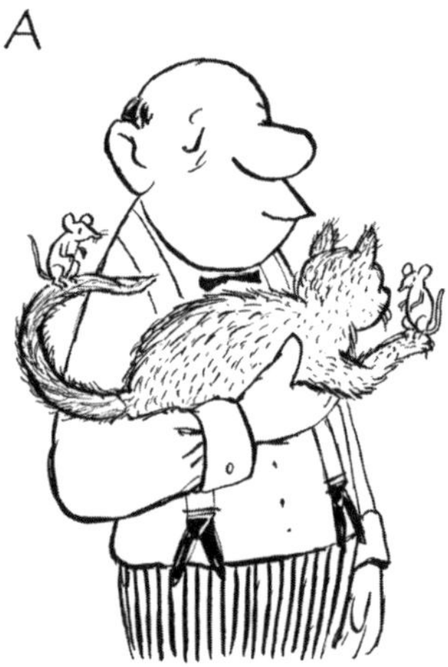

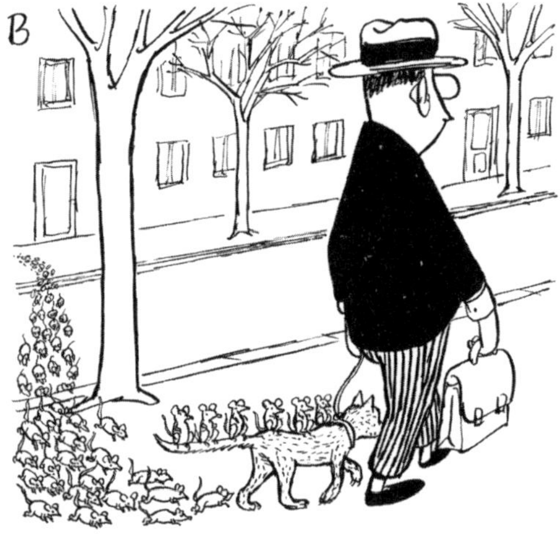

Das gelegentliche Missverständnis zwischen Katzen und Mäusen beruht vorwiegend auf menschlichem Versagen. Ein Oberregierungsrat im Ruhestand schuf durch sein harmonisches Wesen eine anmutige Beziehung zwischen Kater Paul und den Mäusen Friederike und Gisela (A). Der Beamte sah sich nach kurzer Zeit belohnt durch die Entstehung eines unzertrennlichen Freundeskreises (B).

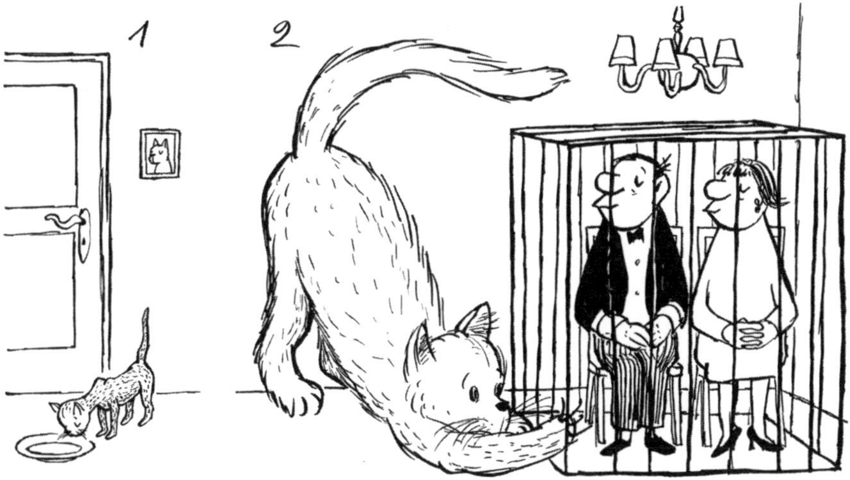

Kräftige Kost ist die Grundlage moderner Katzenpflege. ABB. 1: Katze Stephanie (6 Monate), ernährt mit Bandnudeln und entrahmter Frischmilch. ABB. 2: Katze Marie (6 Monate), ernährt mit Ochsenmark und Backpulver, beim Spiel mit ihren Besitzern. Das gemütliche Ställchen erhält noch unerfahrenen Katzenfreunden Sicherheit und Selbstvertrauen im Umgang mit ihrem Liebling.

A

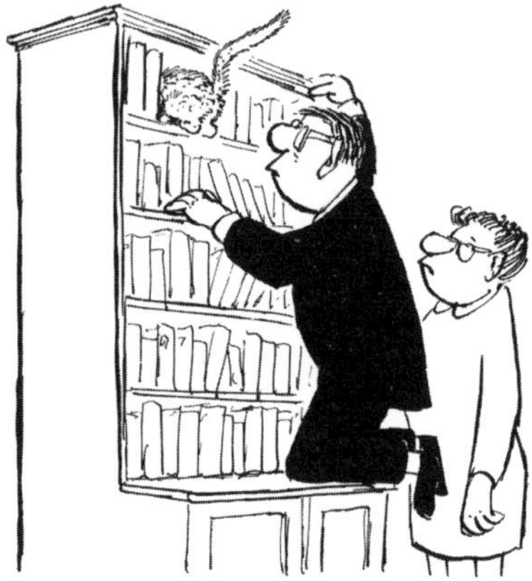

B

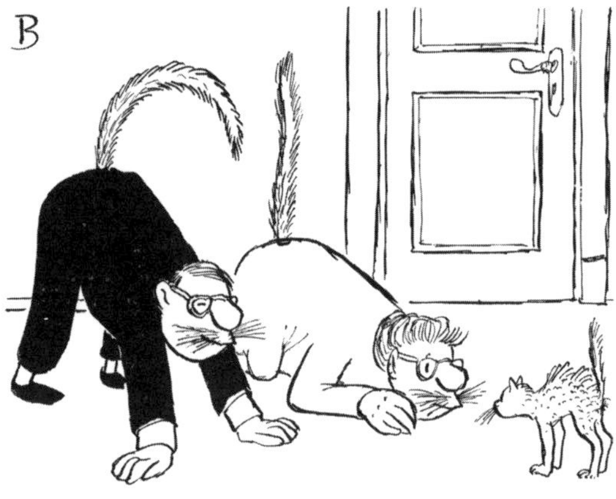

Der Stuttgarter Kater Hannibal litt an Kontaktschwäche als Folge innerer Vereinsamung. Nur noch selten kam er seinem Herrchen zu Gesicht (A). Auf Grund von täglichen Kontaktübungen (B) zeigte Hannibal schon nach vier Monaten erste Ansätze familiärer Aufgeschlossenheit.

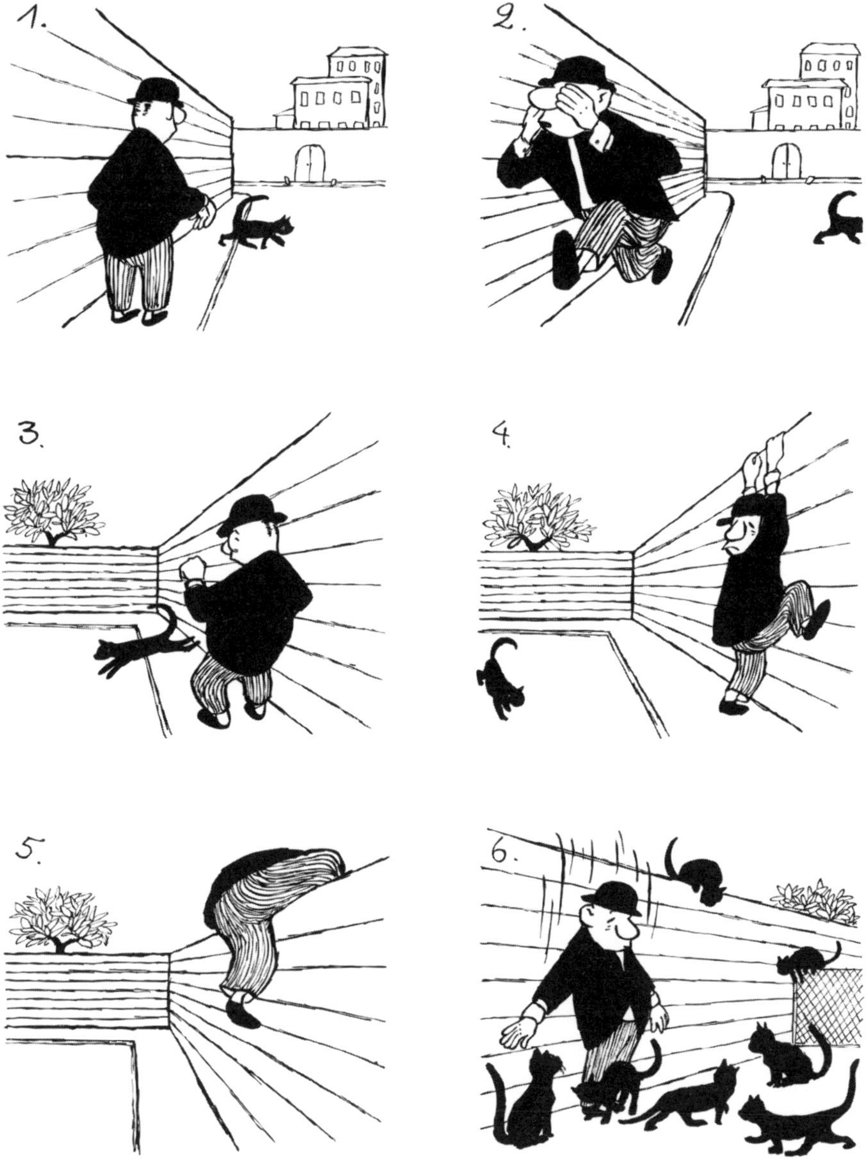
1.
2.
3.
4.
5.
6.

UMGANG MIT WEISSEN MÄUSEN

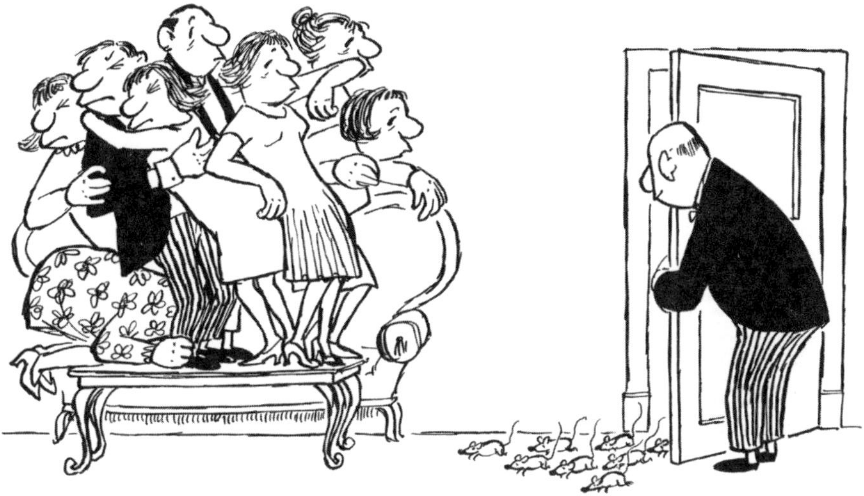

Im geselligen Kreise bietet das Vorzeigen der neuen Hausgenossen stets eine willkommene Unterhaltung. Besonders Damen wissen das possierliche Treiben der Tierchen zu schätzen.

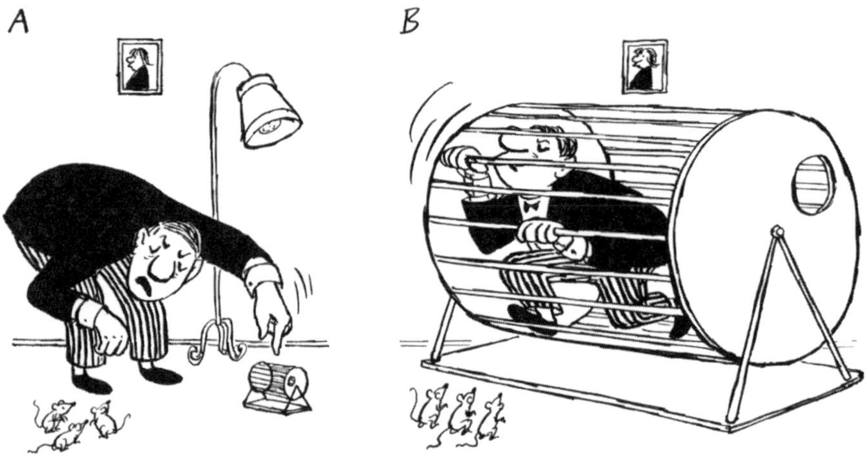

Mit lauten oder harten Worten stoßen Sie bei weißen Mäusen auf taube Ohren (A). Das angeborene Misstrauen der scheuen Tiere verlangt auch bei Spiel und Sport das menschliche Vorbild (B).

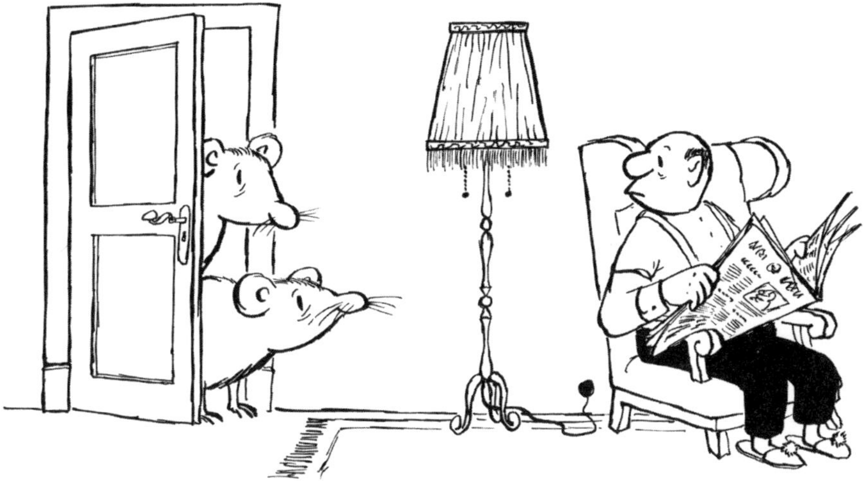

Das Futter soll bekömmlich, aber nicht zu reichlich sein. Eine böse Überraschung erlebte ein süddeutscher Mäusehalter, der seine kleinen Lieblinge zu Pfingsten überfüttert hatte. Merke: *Korpulente Tanzmäuse sind in hellhörigen Etagenwohnungen oft Ursache für Streitereien mit sensiblen Nachbarn.*

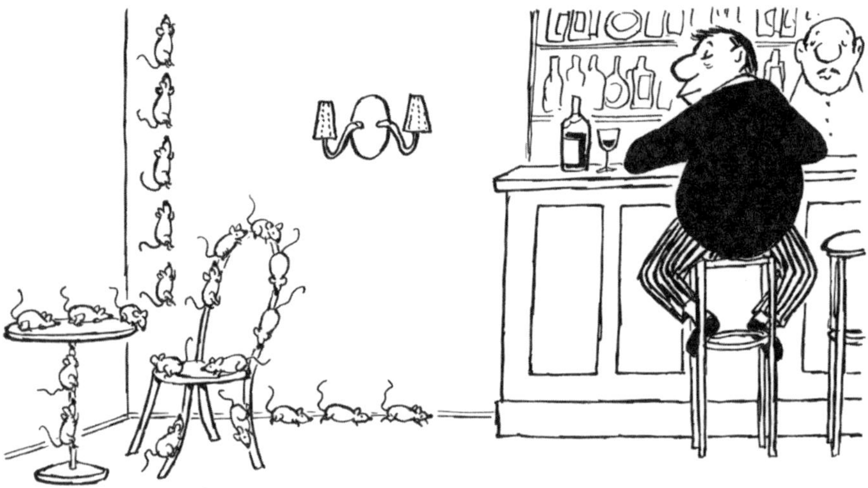

Nicht nur im eigenen Heim, auch in der Öffentlichkeit eignet sich die weiße Maus als ständiger Begleiter. Herr D. Ahrens (52), ein bekannter Hamburger Mäusefreund, sagt: »Ich kann mir mein Leben ohne weiße Mäuse gar nicht mehr vorstellen.«

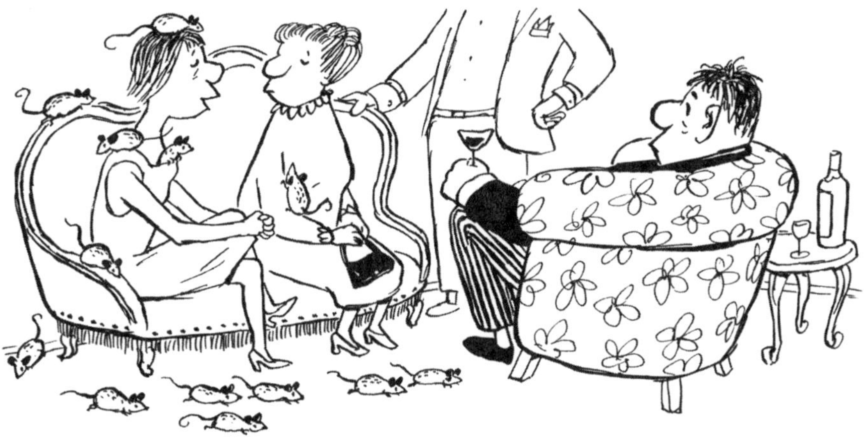

Weiße Mäuse, die sich in großer Zahl frei im Zimmer aufhalten, sind kein sicheres Zeichen dafür, dass Sie sich im Hause eines Tierfreundes befinden. Gespräche darüber vermeiden und rasch nach Hause gehen!

UMGANG MIT VÖGELN

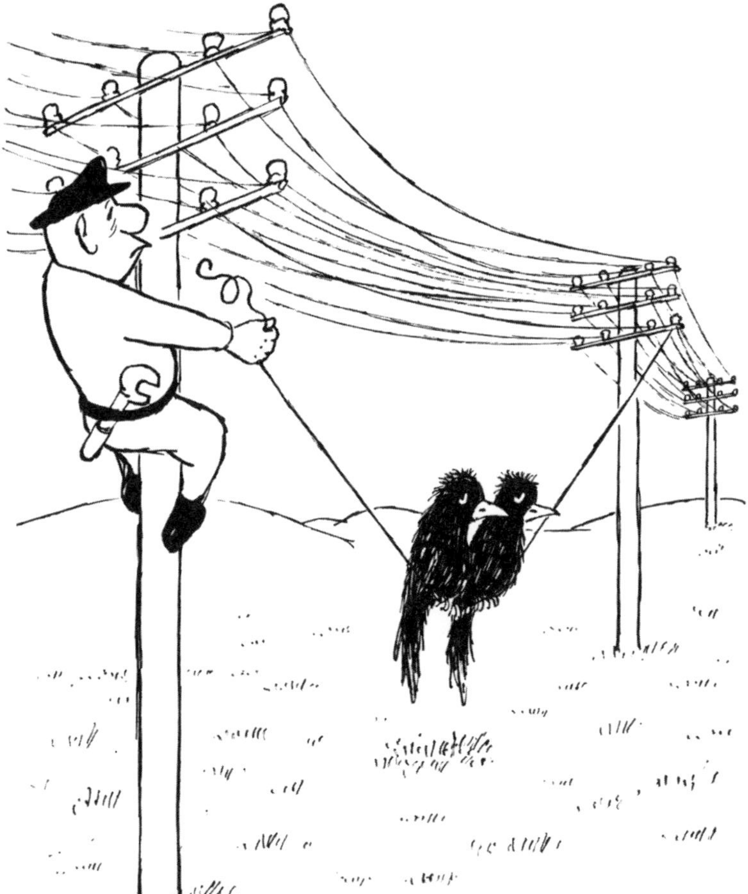

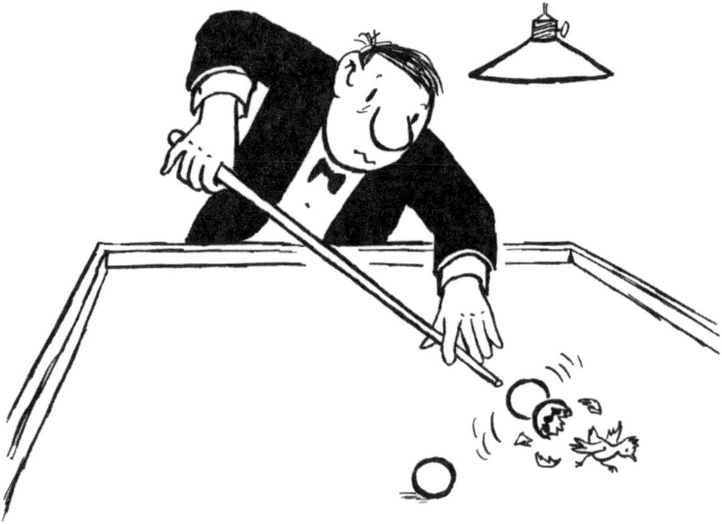

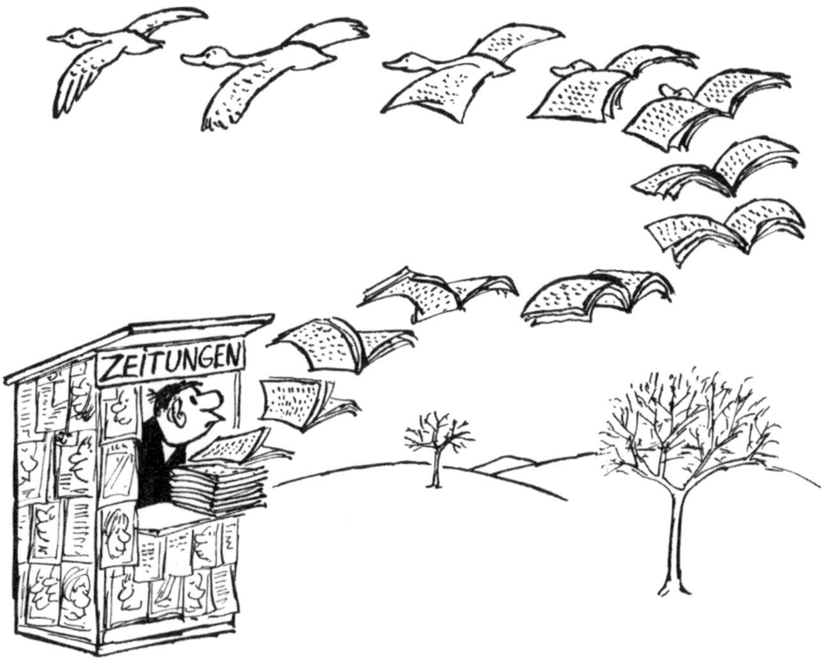
ZEITUNGEN

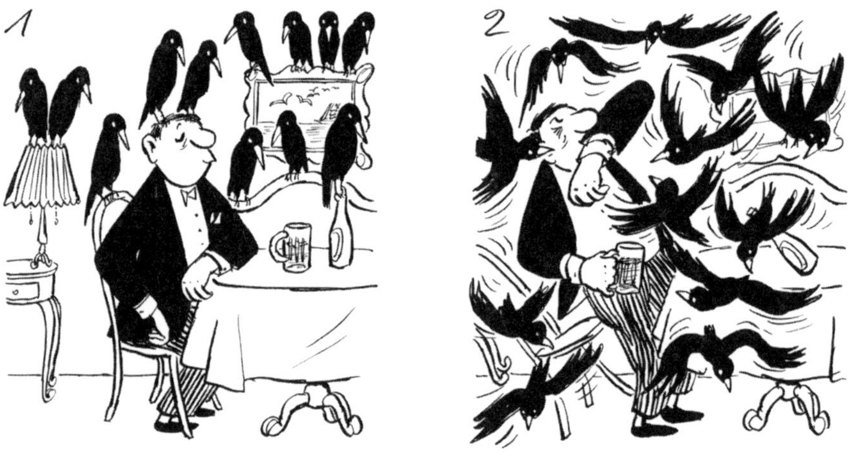

Vögel sind schreckhaft. Nur durch völlige Bewegungslosigkeit erreicht der Vogelhalter, dass sich die Tierchen in menschlicher Gesellschaft wohlfühlen (1). Vogelfreund Kowalski aus Hamburg-Poppenbüttel hat sich durch eine hastige Bewegung das Vertrauen seiner Lieblinge für mehrere Tage verscherzt (2).

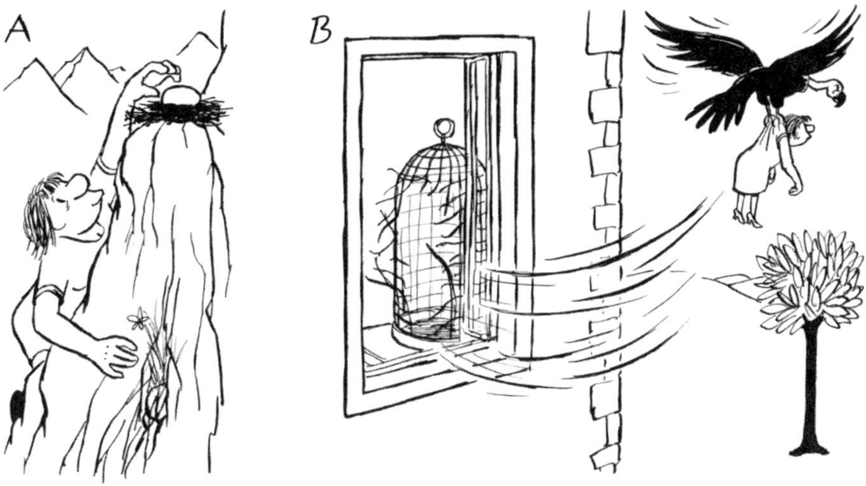

Hände weg von Vögeln unbekannter Herkunft! Eine niedersächsische Hausfrau, die im Urlaub in den Bergen ein elternloses Ei fand (A) und daheim großzog, hat später von ihrem Zögling nur Undank geerntet (B).

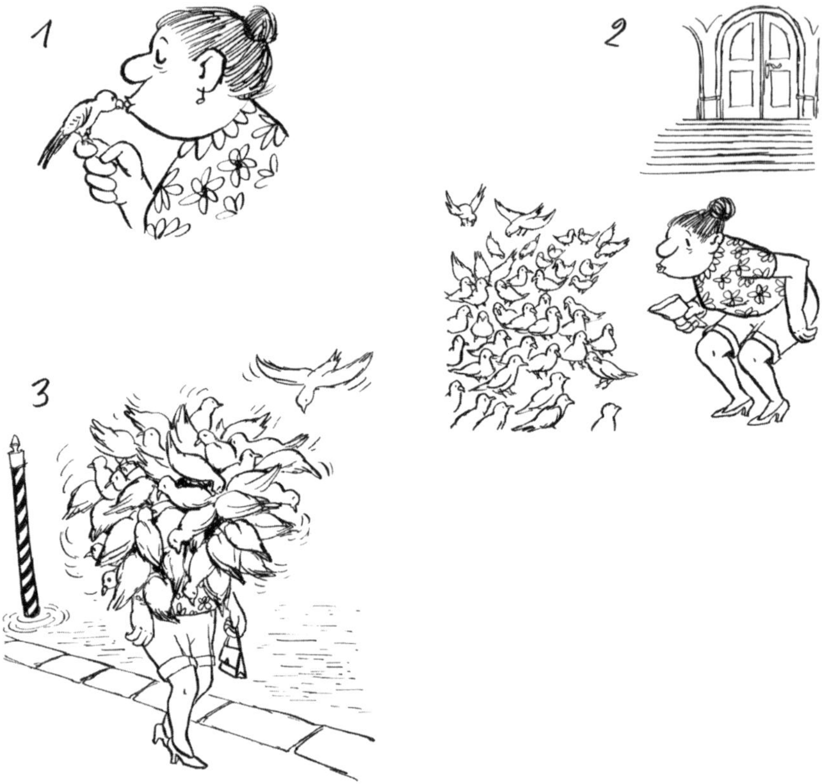

Vögel sind dankbar für ein wenig Zärtlichkeit. Frau Frieda B. aus Flensburg pflegt ihrem Wellensittich Conrad Sonnenblumenkerne mit geschürzten Lippen zu reichen (1). Auch die Tauben vom Markusplatz in Venedig, wo Frau Frieda zur Biennale weilte, wussten diese liebevolle Geste (2) zu schätzen: Sie haben Frieda B. bis zu ihrer Abreise aus der Lagunenstadt nicht mehr verlassen (3).

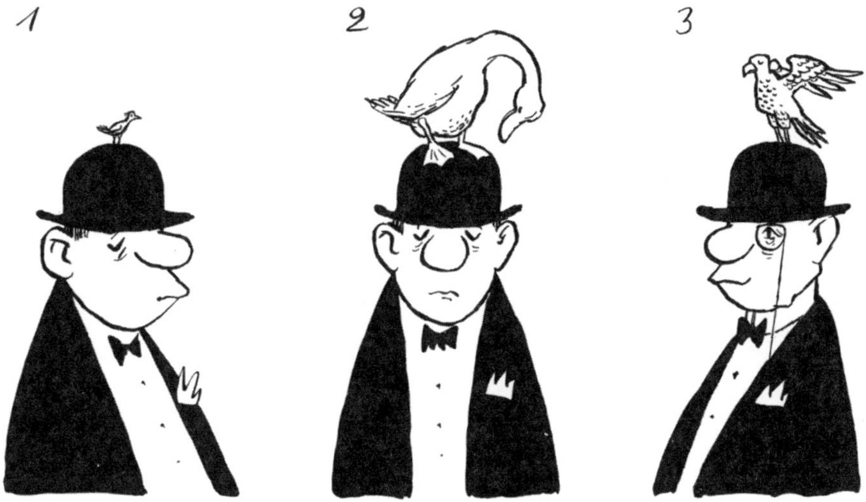

Hervorragend geeignet sind unsere gefiederten Freunde zur dekorativen Bereicherung der Hutmode. Die Gefälligkeit des Modells wird jedoch beeinträchtigt, wenn das Tier zu klein ist (1) oder gar provinziell wirkt (2). Der Entwurf eines Berliner Modehauses befriedigt durch zeitlose Eleganz (3).

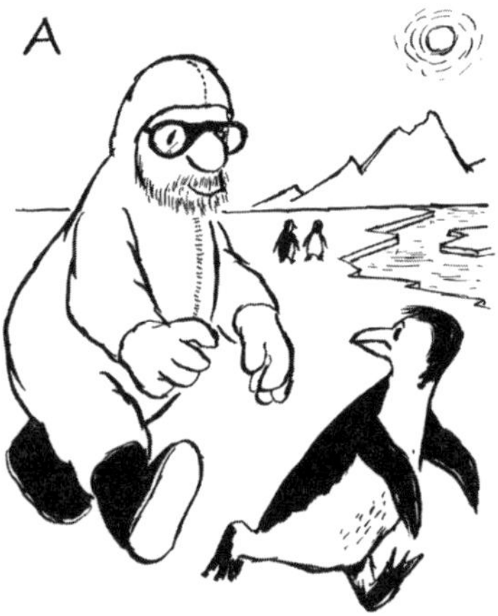

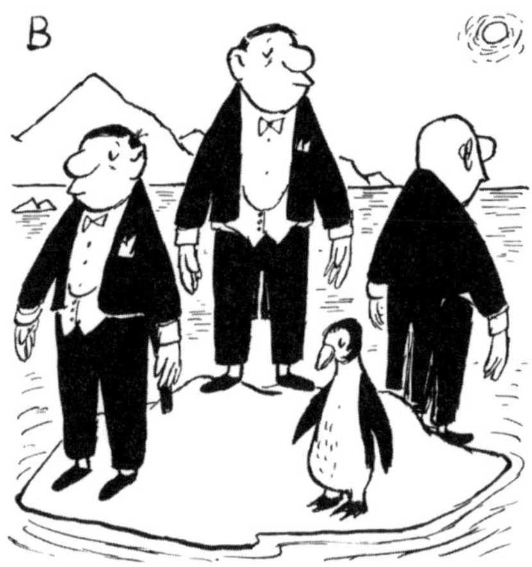

Wildlebende Pinguine begeben sich nur zögernd in Gefangenschaft. Expeditionsmitgliedern in fremdartiger, plumper Kleidung misstraut das Tier (A). Nur Herren in erstklassiger, der Umgebung angepasster Garderobe haben Aussicht, einem Pinguin zwecks späterer Mitnahme menschlich näherzukommen (B).

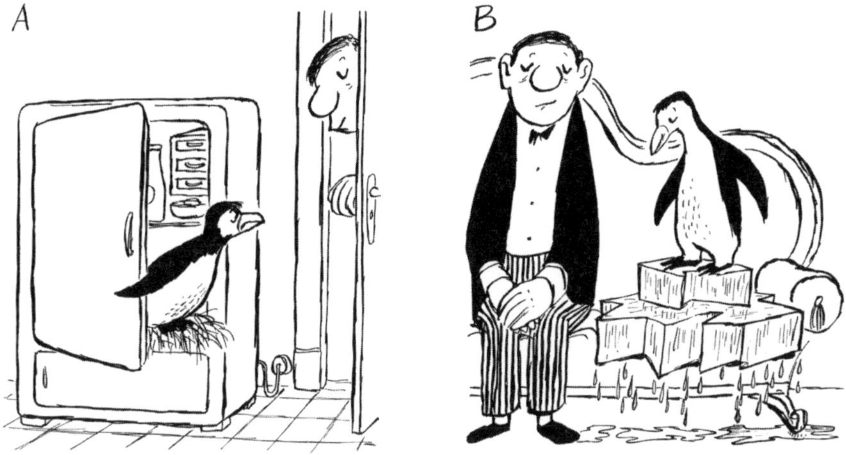

Falsche Unterbringung ist häufig die Ursache mangelhaften Wohlbefindens der Pinguine und ernster Zerwürfnisse mit denselben (A). Geschulte Pinguinhalter besitzen dagegen das nötige Einfühlungsvermögen für die einfachsten Bedürfnisse dieser Tiere (B). Der zufriedene Pinguin fügt sich dem häuslichen Rhythmus ganz natürlich ein und belohnt sein Herrchen durch manche Stunde familiärer Harmonie.

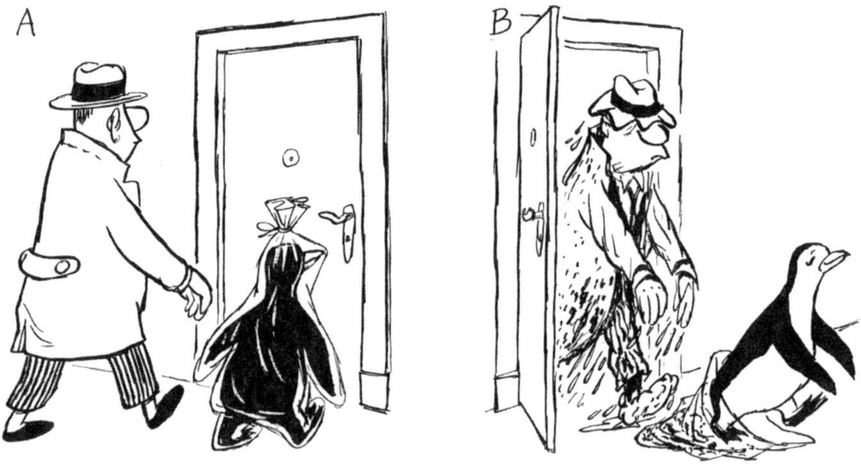

Wichtigstes Requisit durchdachter Pinguin-Pflege ist der Pinguin-Plastikschutz für Schlechtwetterperioden. ABB. A: Pinguinhalter Bruno M. aus München-Bogenhausen mit Pinguin Wilhelm vor Antritt eines ausgedehnten Spaziergangs bei Regen und Matsch. ABB. B: Pinguin Wilhelms Rückkehr in Sauberkeit und Frische.

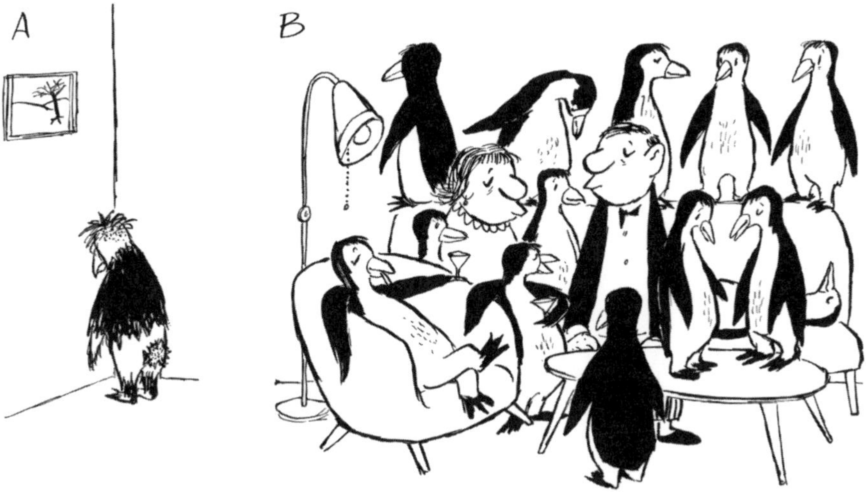

Der Pinguin ist ein Gesellschaftstier. Vereinsamte Pinguine werden auf die Dauer mürrisch und nachlässig in der Kleidung (A). Herrschaften, die wissen, dass Pinguine den ganzen Charme ihrer Persönlichkeit nur in größerem Kreise entfalten, werden bei Anschaffung der Tiere nicht kleinlich sein (B). Merke: *Für langjährige Pinguinbesitzer ist ein pinguinloser Haushalt unvorstellbar.*

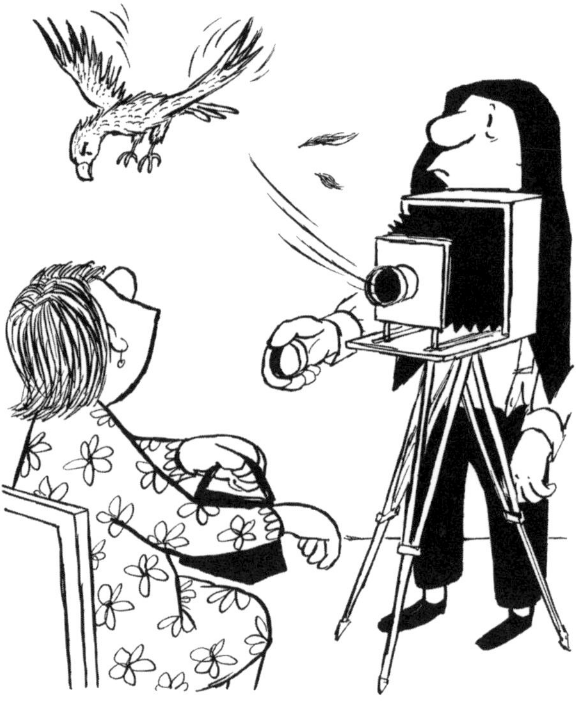

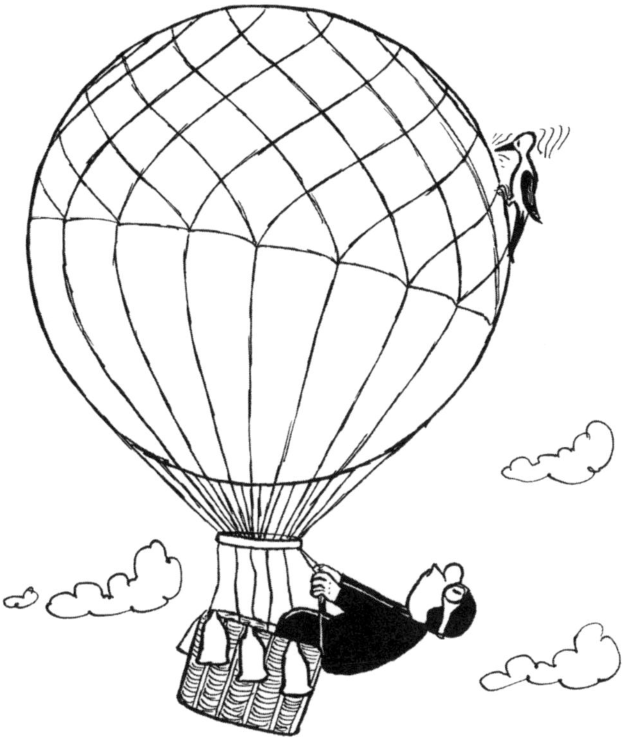

UMGANG MIT MEERESBEWOHNERN

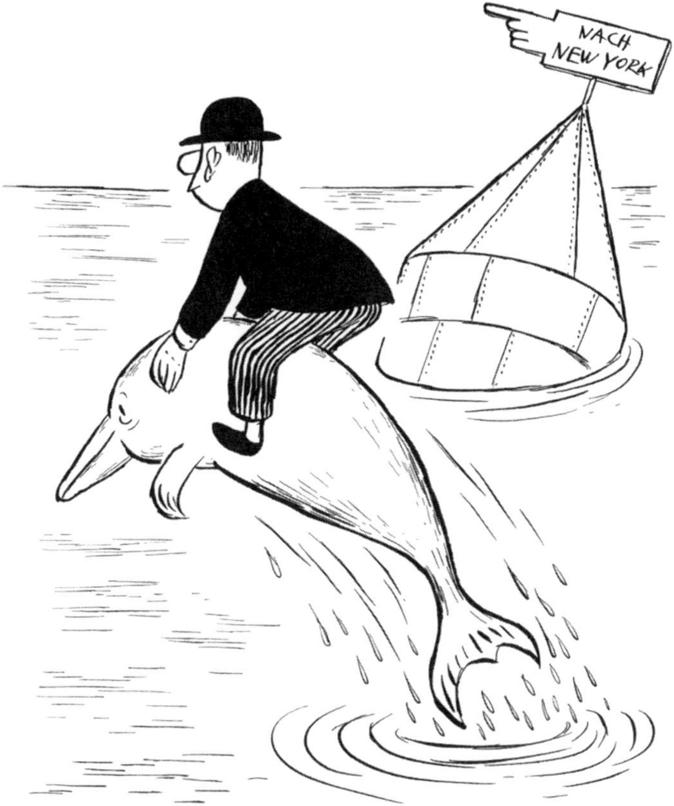
NACH
NEW YORK

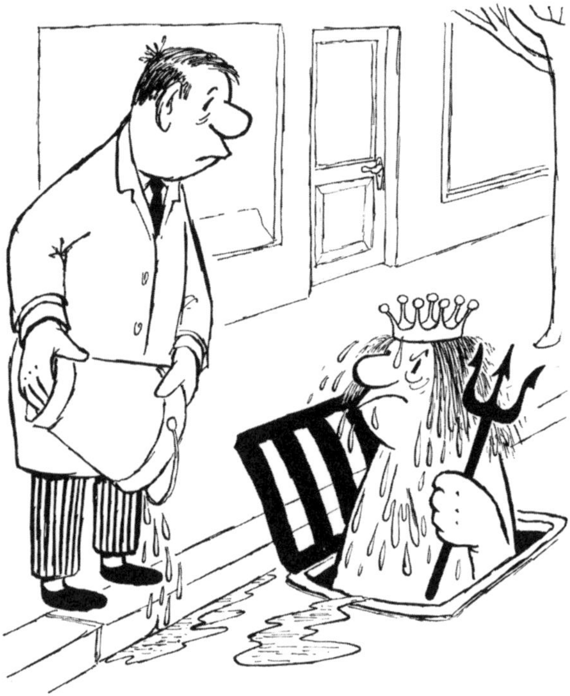

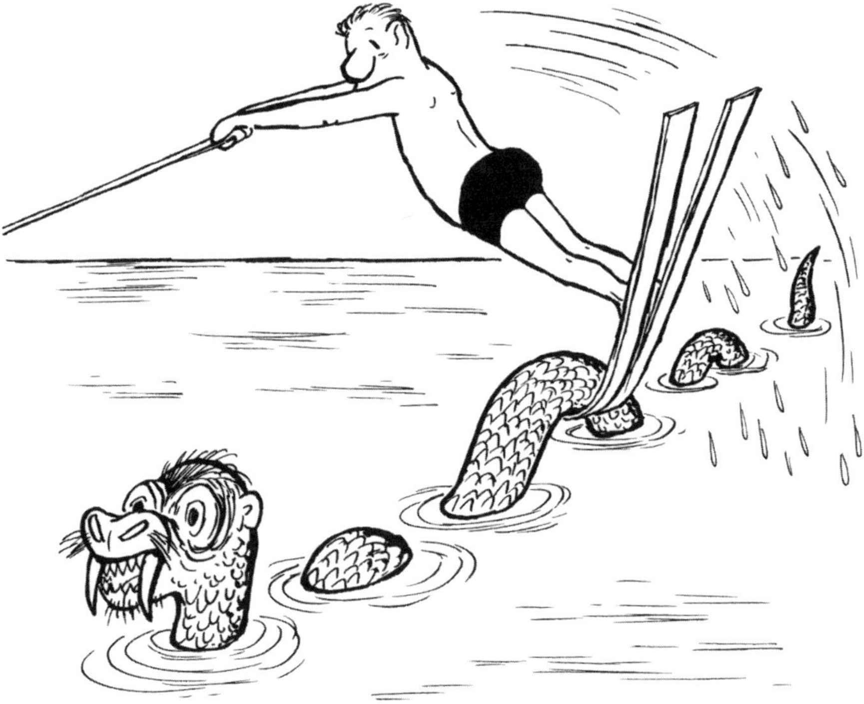

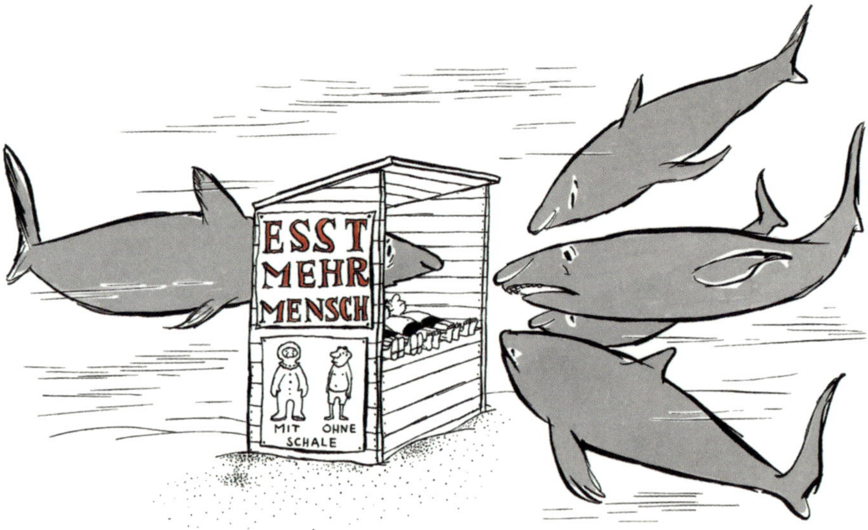

»Neulich der war zu fett und schmeckte nach Seife …«

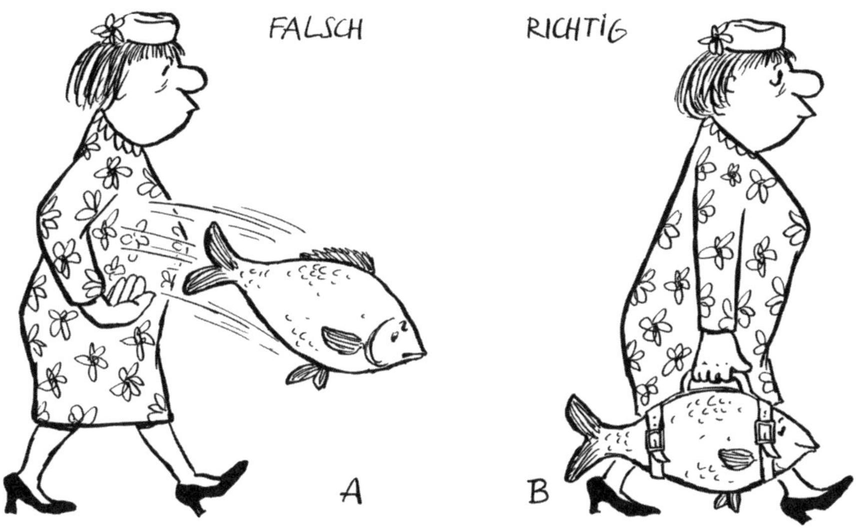

Falsche Tragweise beim täglichen Spaziergang verärgert auch gutmütige Fische (A). Eine praktische Haltevorrichtung macht den Weg an die frische Luft für beide Teile angenehm (B).

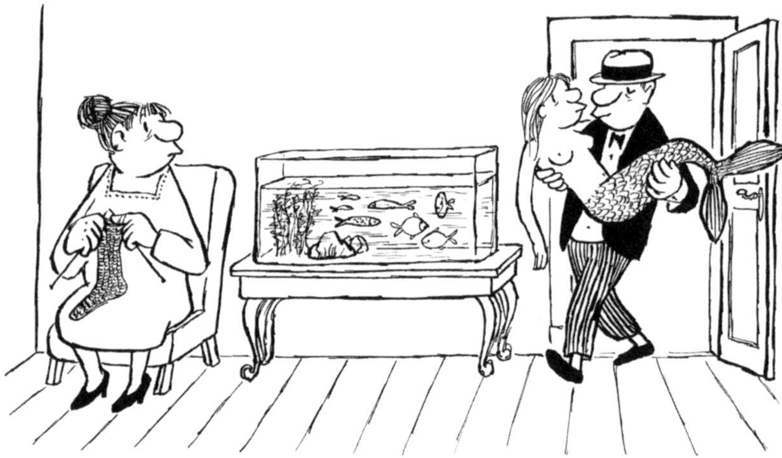

Als vorbildlicher Fischfreund lassen Sie auch die Gattin an Ihrem Hobby teilnehmen. Durch gelegentliches Mitbringen besonders schöner oder seltener Exemplare wird auch sie sich rasch für Ihre neue Leidenschaft begeistern.

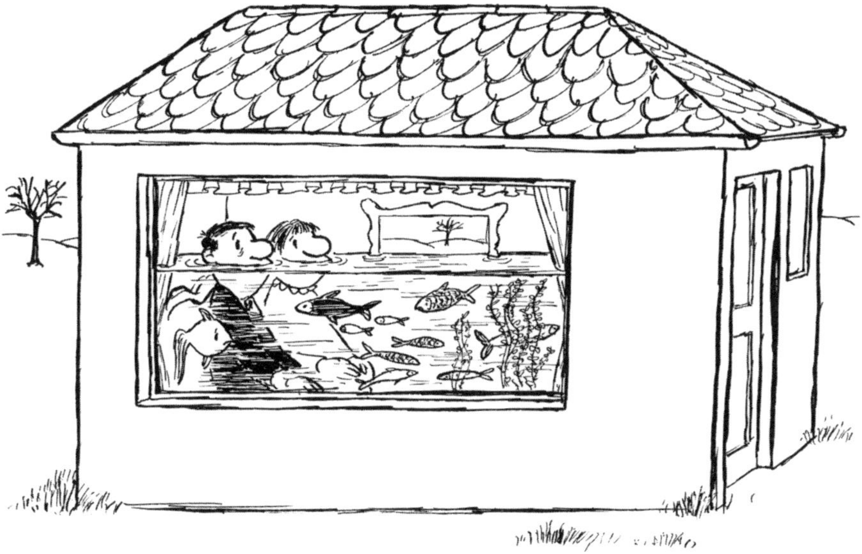

Liebhaber von Aquarien sollten nicht auf halbem Wege stehenbleiben. Durch intensives Einleben in die Welt des Fisches nimmt der Alltag eine beglückende Wendung ins Naturhafte.

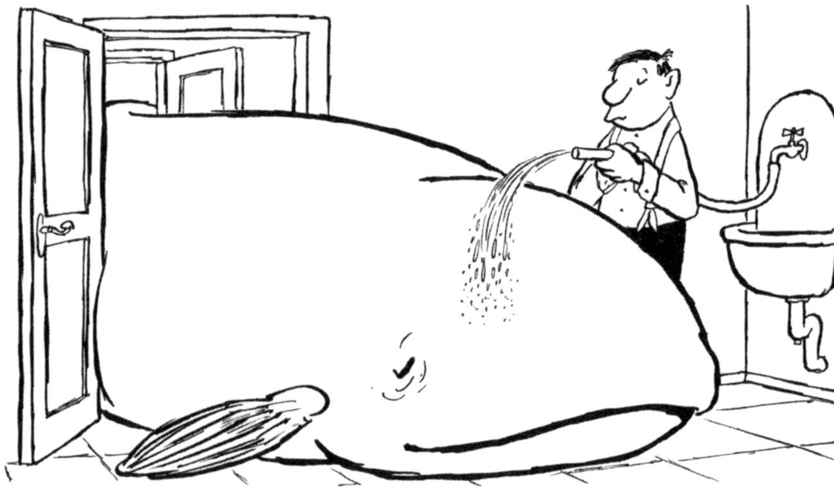

Sehr zu Unrecht sind Walfische als Haustiere noch wenig populär. Wegen seines geringen Wasserverbrauchs ist der Wal gerade für die Haltung in Kleinwohnungen geeignet. Bei guter Pflege (BILD) erweist er sich schon bald als häuslich und kinderlieb.

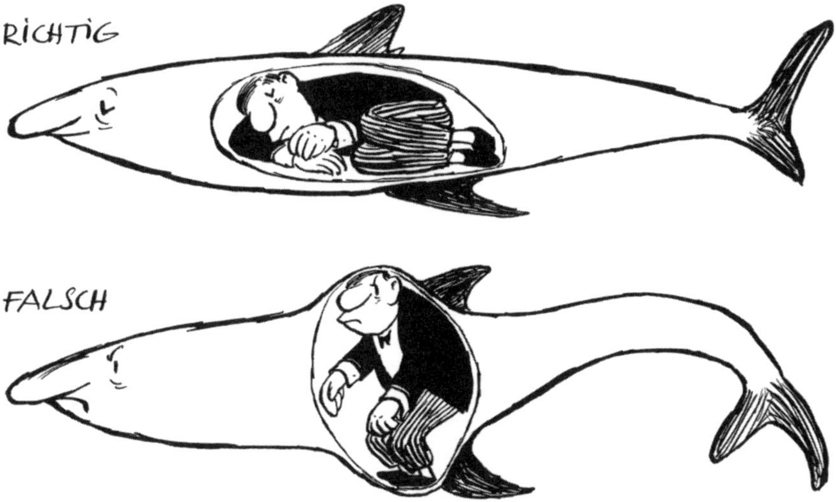

Für den Fall, dass Sie selbst dem Appetit eines größeren Aquariumsinsassen zum Opfer gefallen sein sollten: Liegen bleiben und Ruhe bewahren. Aufrechtes Stehen beeinträchtigt Schwimmfreudigkeit und Wohlbefinden Ihres Schützlings.

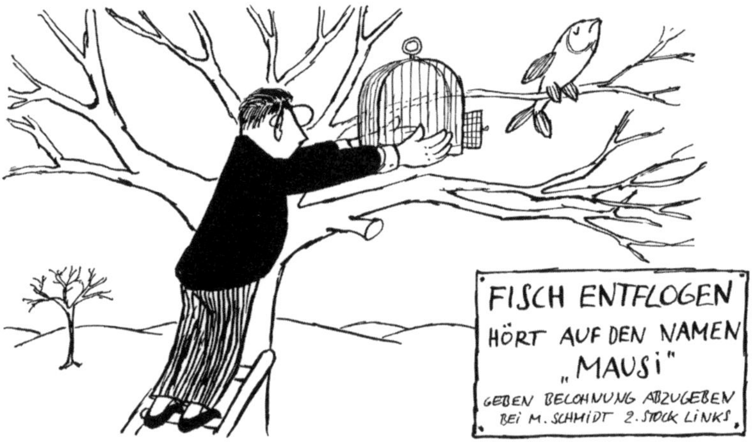

Besitzern fliegender Fische ist erhöhte Aufmerksamkeit zu empfehlen. Einmal entkommen, ist das Tier nur schwer wieder einzufangen und wird dann häufig das Opfer hemmungsloser Feinschmecker.

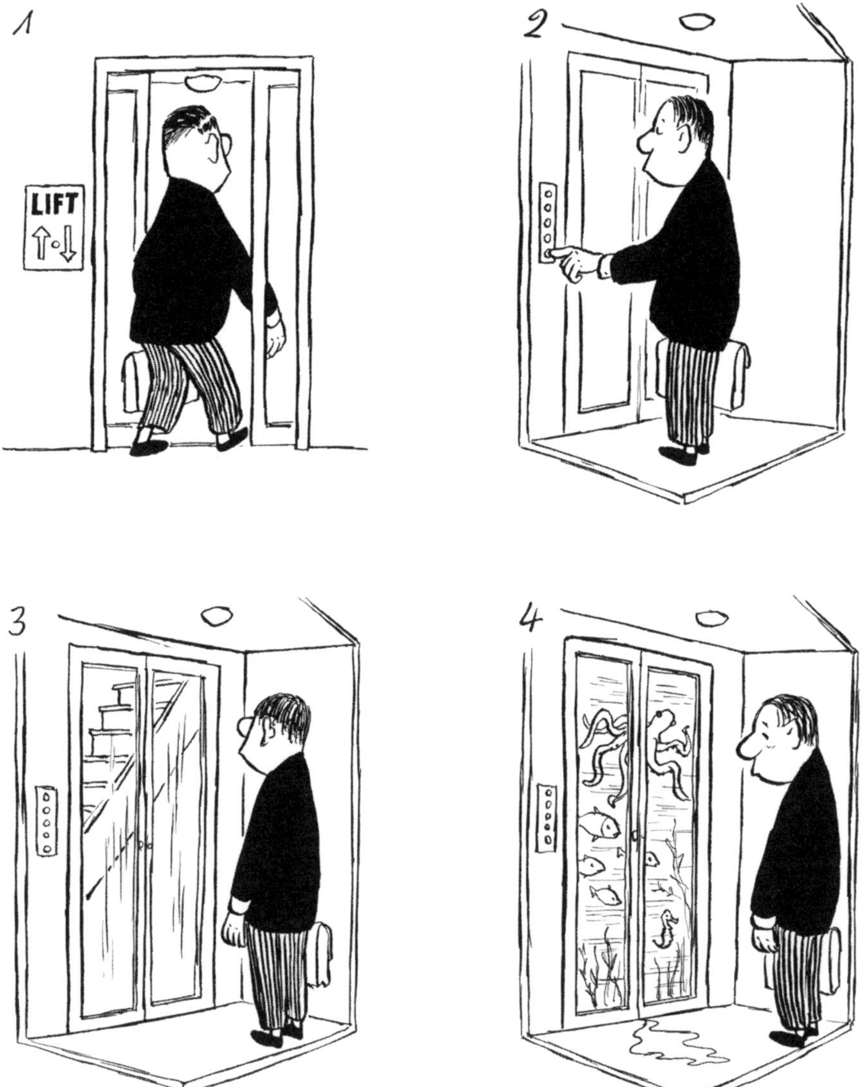
1
LIFT
2
3
4

UMGANG MIT KÜHEN UND OCHSEN

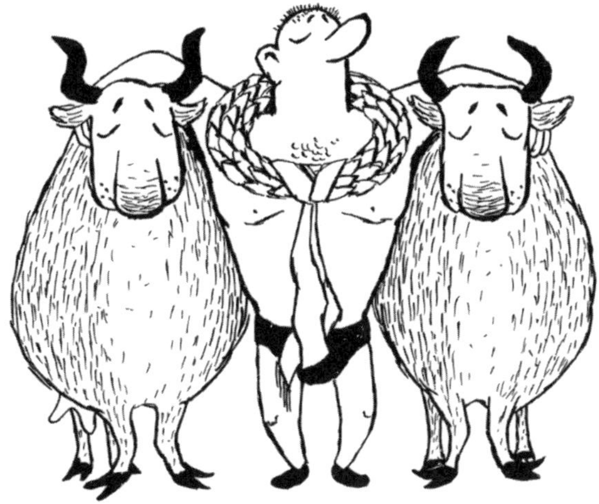

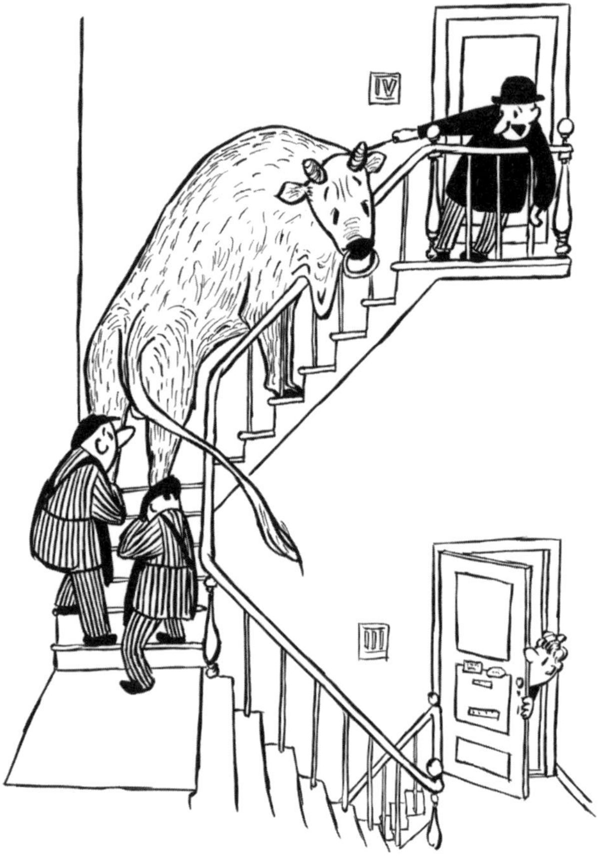

»Ausgerechnet zum 4. Stock – ich hab' das Gefühl,
da stimmt was nicht …«

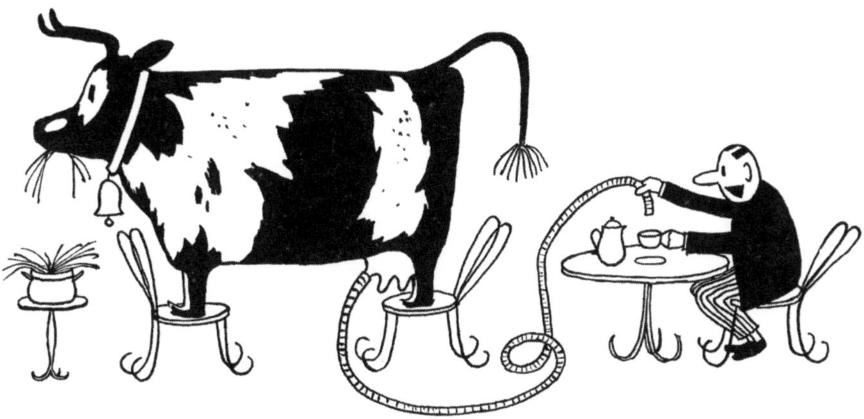

»Na – los doch!«

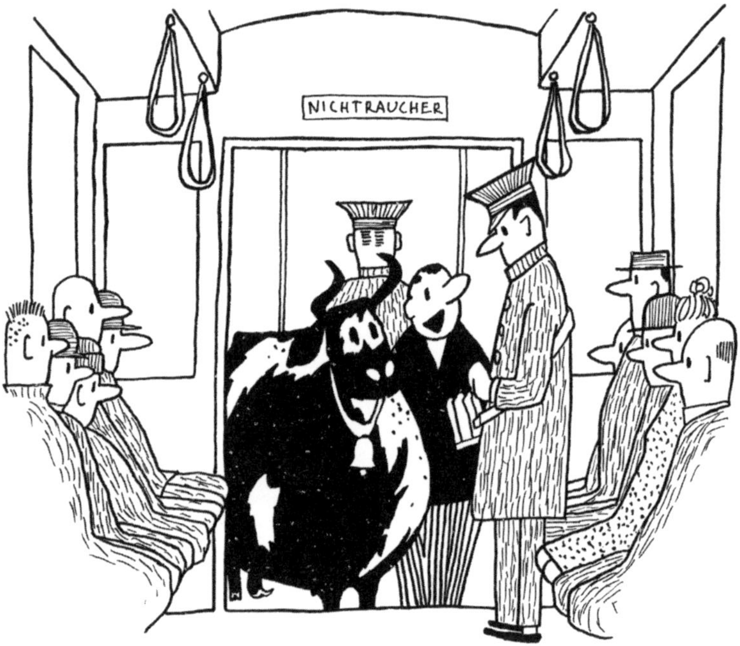

»Ein Erwachsener und ein Kind – sie ist 3½ …«

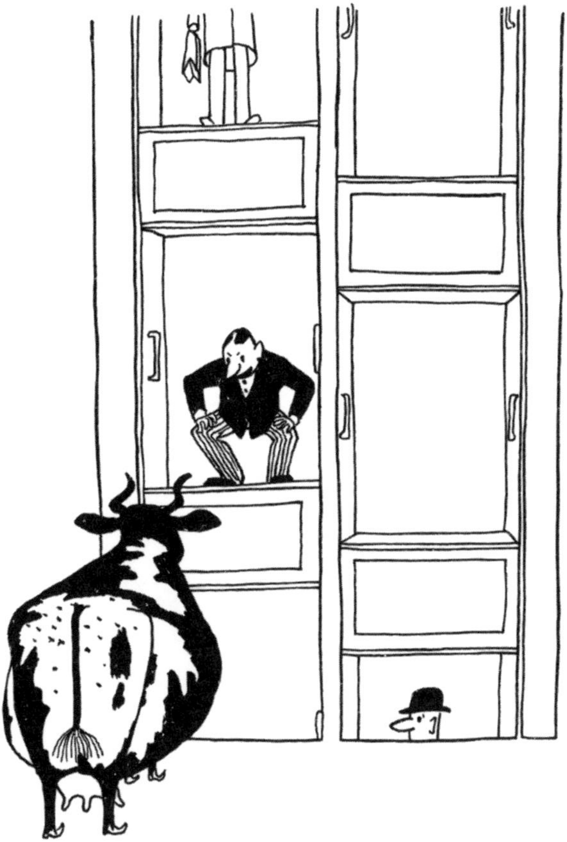

»Haste's nu kapiert?«

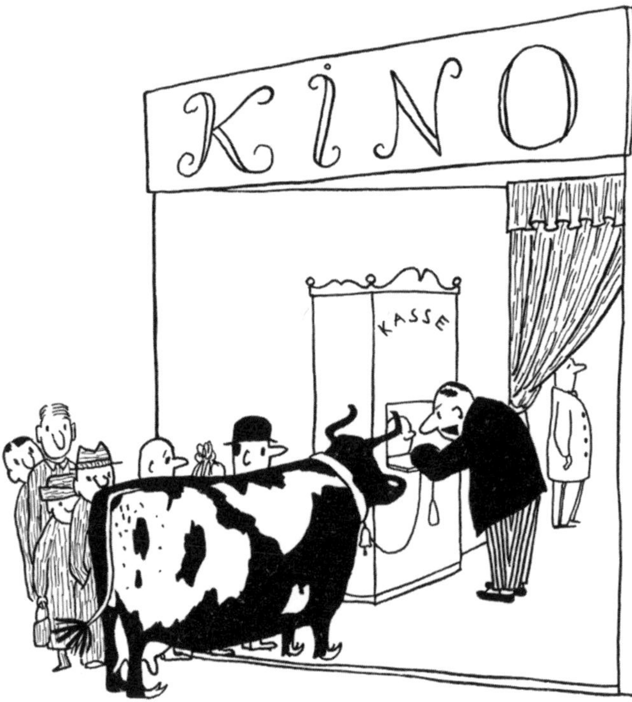

»Aber ich *kann* sie nicht allein lassen!«

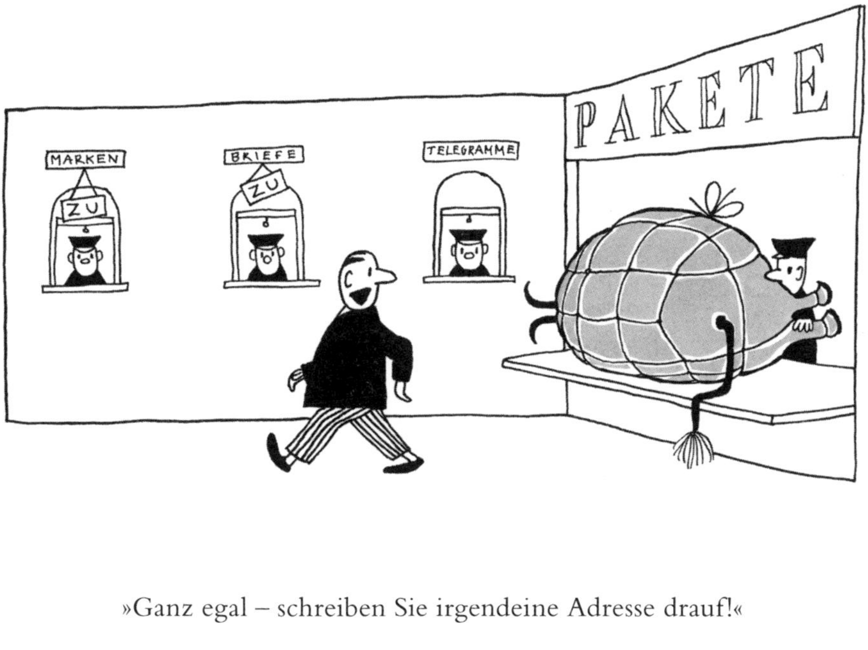

»Ganz egal – schreiben Sie irgendeine Adresse drauf!«

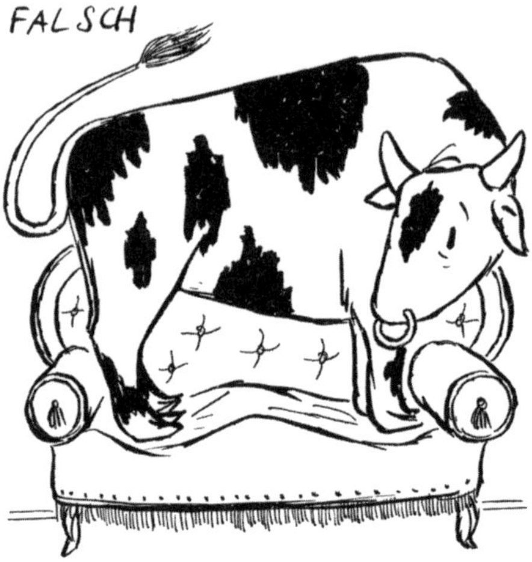

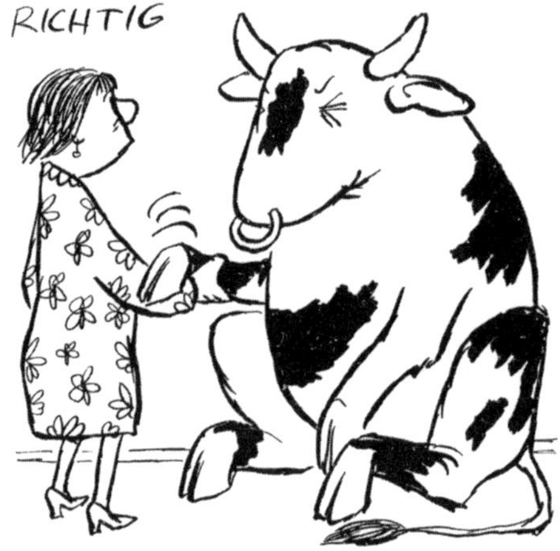

Auch durch sorgfältige Erziehung werden Sie einen Ochsen nie zu Ihresgleichen machen können, doch empfehlen wir, ihn an gewisse gesellschaftliche Formen zu gewöhnen. Vom Besuch der höheren Schule ist abzuraten.

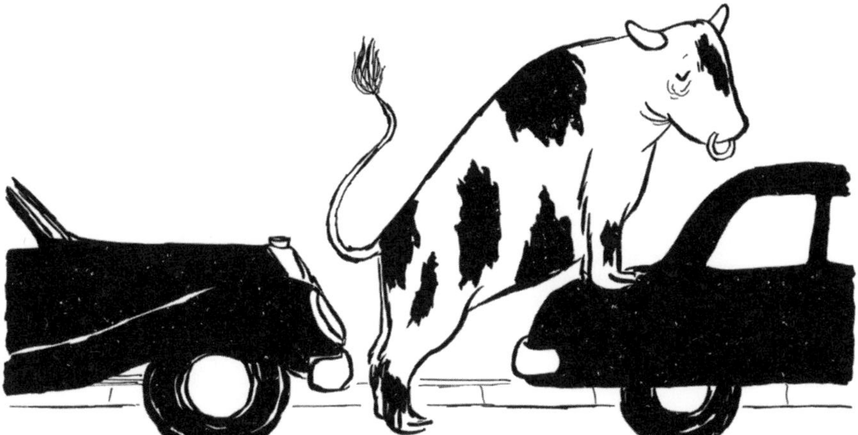

Der neue Kamerad erweist sich bei Ritten durch die Innenstadt als geschickter Parkraumnutzer. Schwierigkeiten mit der Polizei sind nicht zu befürchten, da jeder Ochse am Straßenverkehr teilnehmen darf.

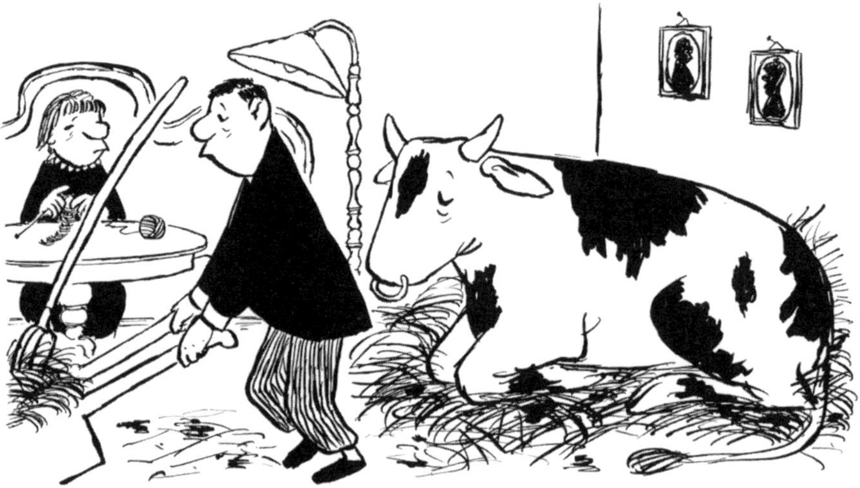

Peinliche Sauberkeit ist oberstes Gebot für jeden Viehhalter. Schnell liebt das Tier Ihr Wohnzimmer, wenn Sie es täglich ausmisten.

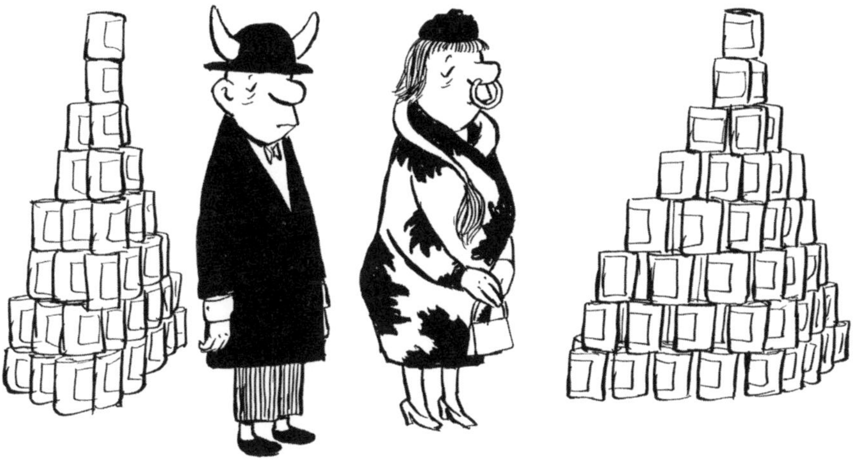

Falls sich der Ochse Ihrem Familienleben nicht anzupassen vermag, ist er auch in kleine, handliche Teile zerlegbar und vielseitig zu verwenden.

UMGANG MIT PFERDEN

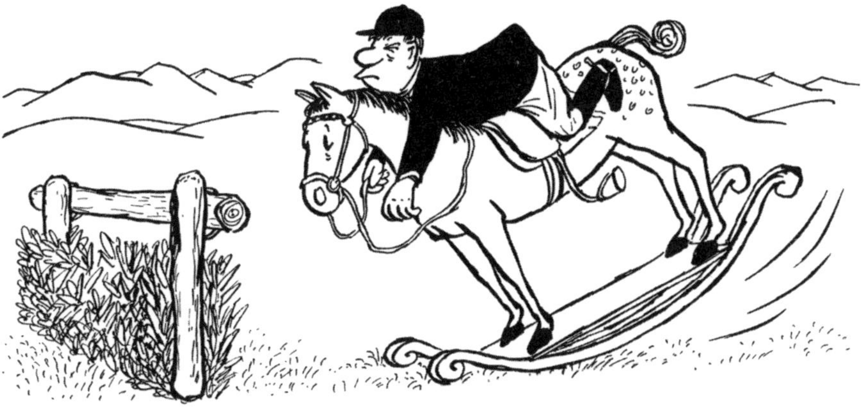

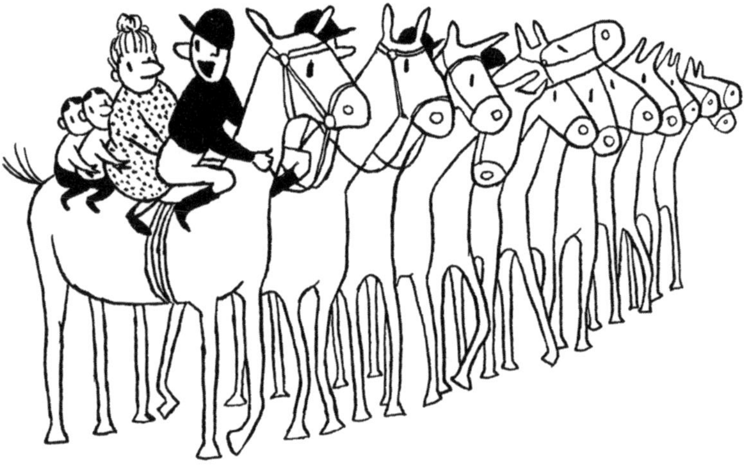

»Es hilft nichts – ihr *müsst* jetzt runter!«

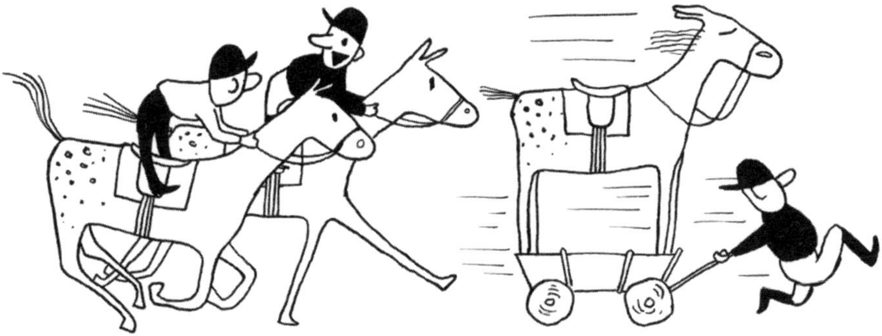

»Erstaunlich – er hatte nicht die geringsten Aussichten!«

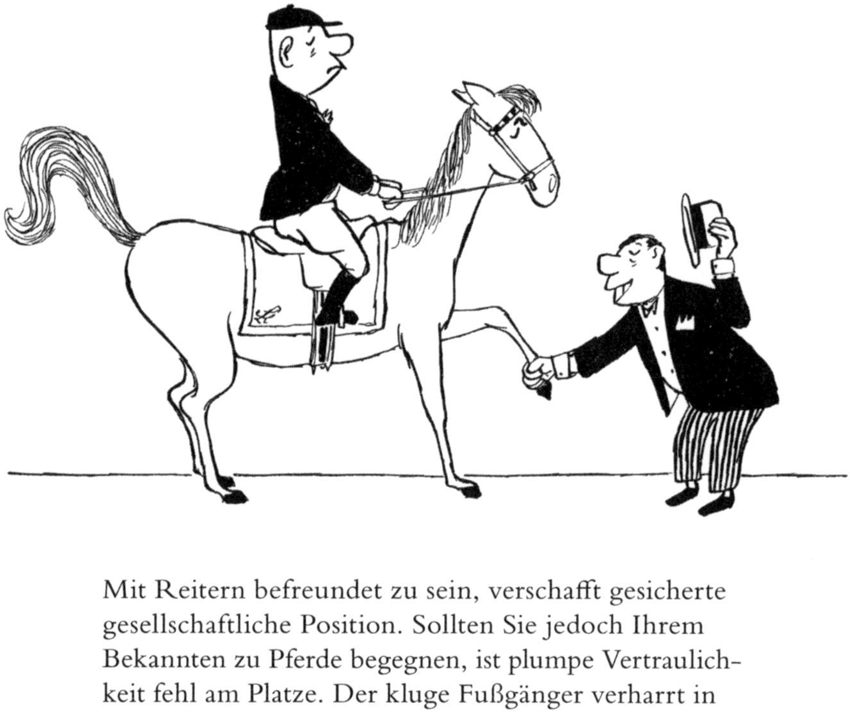

Mit Reitern befreundet zu sein, verschafft gesicherte gesellschaftliche Position. Sollten Sie jedoch Ihrem Bekannten zu Pferde begegnen, ist plumpe Vertraulichkeit fehl am Platze. Der kluge Fußgänger verharrt in dezenter Bewunderung, bis das Wort an ihn gerichtet wird. Merke: *Pferde geben ungern Pfötchen.*

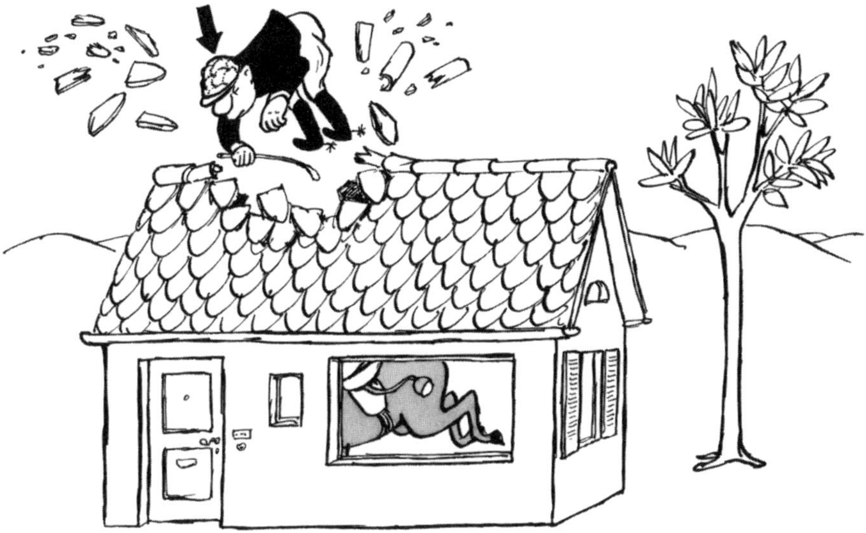

Das Zureiten des Pferdes im Wohnzimmer stößt anfänglich auf Schwierigkeiten. Durch das Tragen einer gut gefütterten Kopfbedeckung (PFEIL) erleichtern Sie sich in dringenden Fällen den Weg ins Freie.

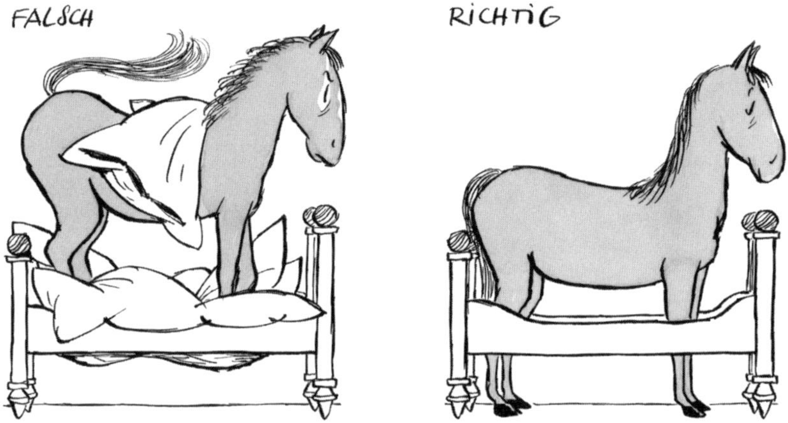

Pferde schlafen gern kühl. Nur unkluge Tierfreunde gefährden durch die Verwendung von Oberbetten und Wäsche die gesunde Nachtruhe ihres vierbeinigen Hausgenossen.

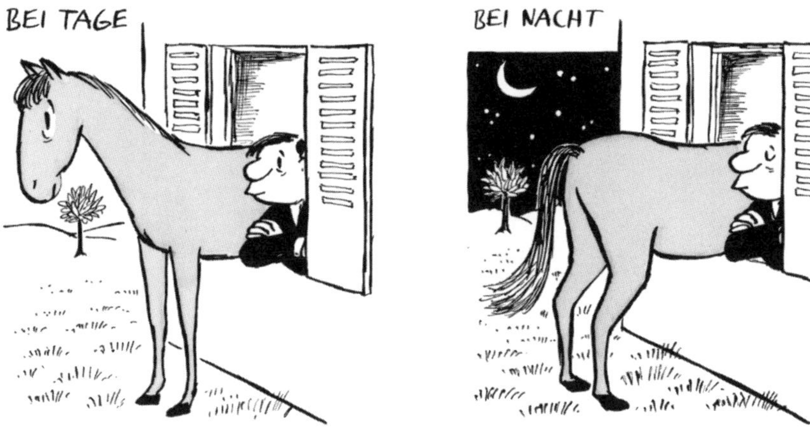

Auch das Pferd des möblierten Herrn braucht sowohl ein ausreichendes Maß an Licht und Luft als auch gepflegte Häuslichkeit. Trotz beschränkter Raumverhältnisse bietet der passionierte Pferdehalter seinem Tier zu allen Tageszeiten die Annehmlichkeiten modernen Wohnkomforts.

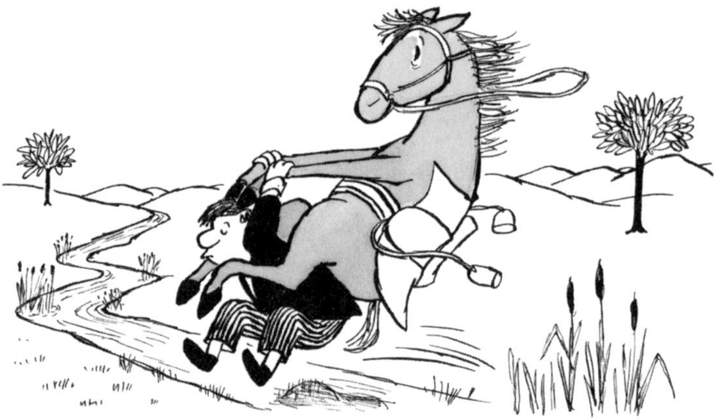

Empfindlichen Vollblütern und älteren Tieren sollte ein Kavalier in unwegsamem Gelände beim Überwinden von Hindernissen stets behilflich sein. Merke: *Das Glück der Erde liegt nicht nur auf dem Rücken der Pferde.*

A

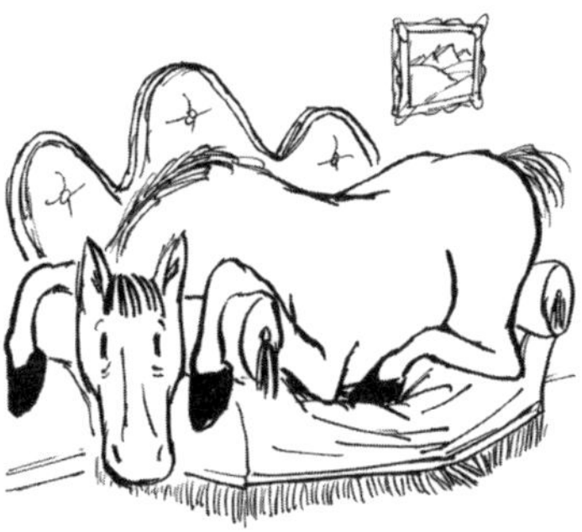

B

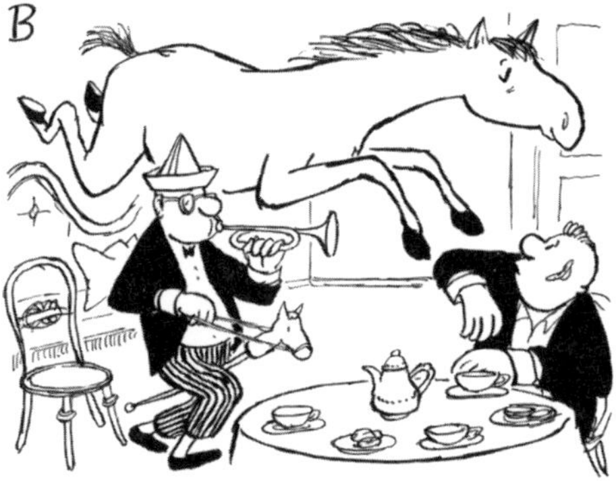

Die Schimmelstute Anastasia ängstigte ihre Besitzer durch tagelanges sinnloses Herumliegen und depressiven Gesichtsausdruck (A). Herr Poppe ermittelte die freudlose Kindheit der Stute als Ursache und erreichte durch einen behutsamen psychotherapeutischen Versuch eine unerwartet plötzliche Genesung des Tieres (B).

UMGANG MIT ELEFANTEN

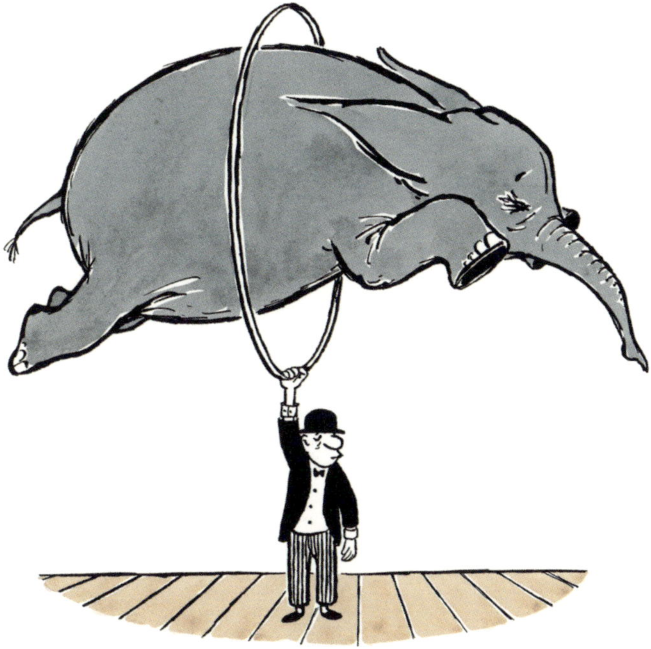

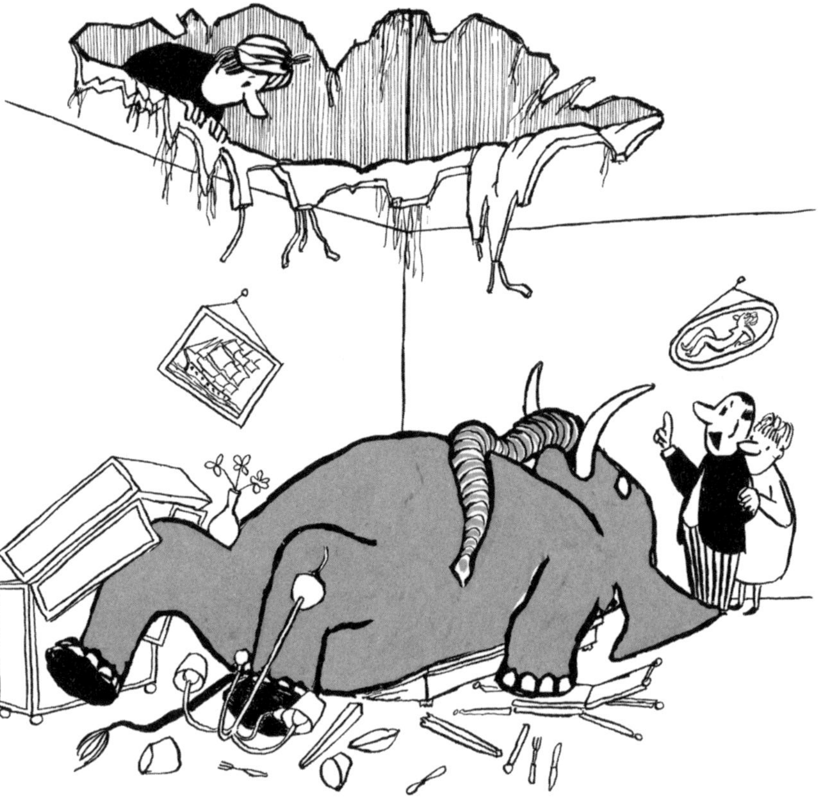

»Nun aber fix – in einer halben Stunde
müssen Sie doch im Zirkus sein!«

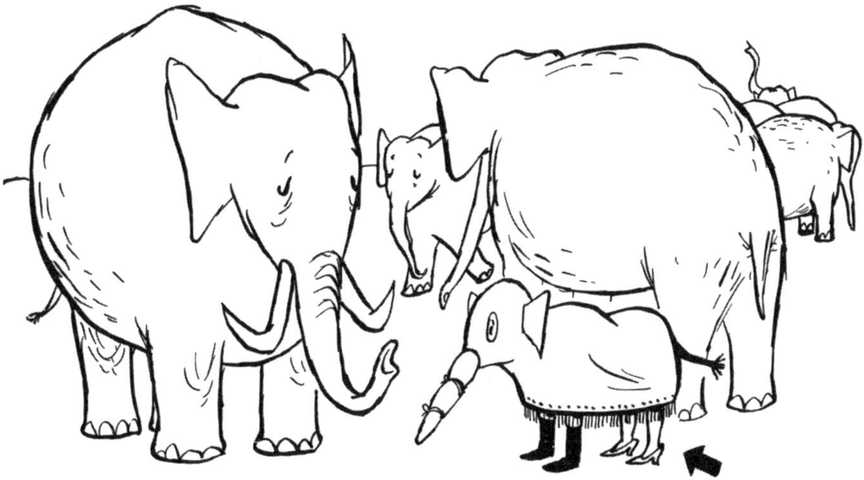

Elefanten sind misstrauisch. Wie schwierig die Mitnahme des begehrten Dickhäuters aus seiner Heimat ist, zeigt das Bespiel eines deutschen Ehepaares aus Braunschweig (PFEIL). Es verbrachte zwei Jahre unerkannt inmitten einer Herde im Innern Afrikas. Erst dann entschloss sich ein älterer Bulle, den beiden freiwillig nach Braunschweig zu folgen.

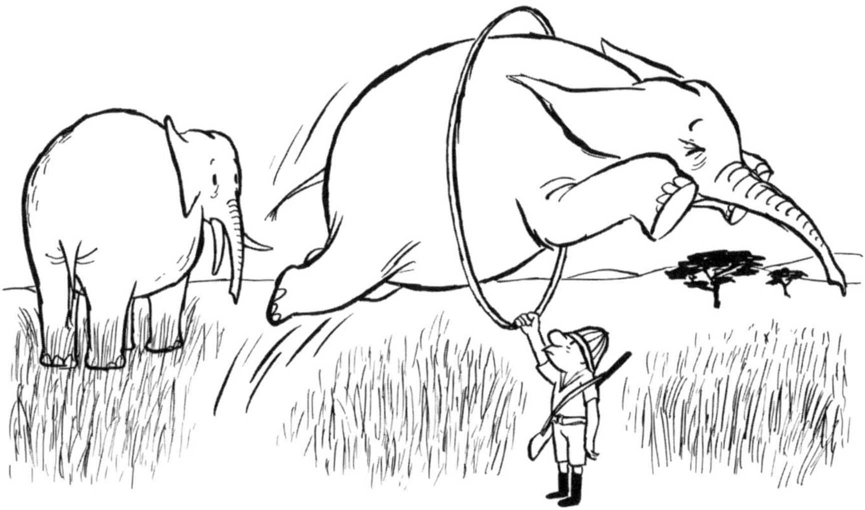

Elefanten sind gelehrig. Ein im Expeditionsgepäck bereit-gehaltener einfacher Holzreifen beweist die Eignung der Tiere für bunte Abende.

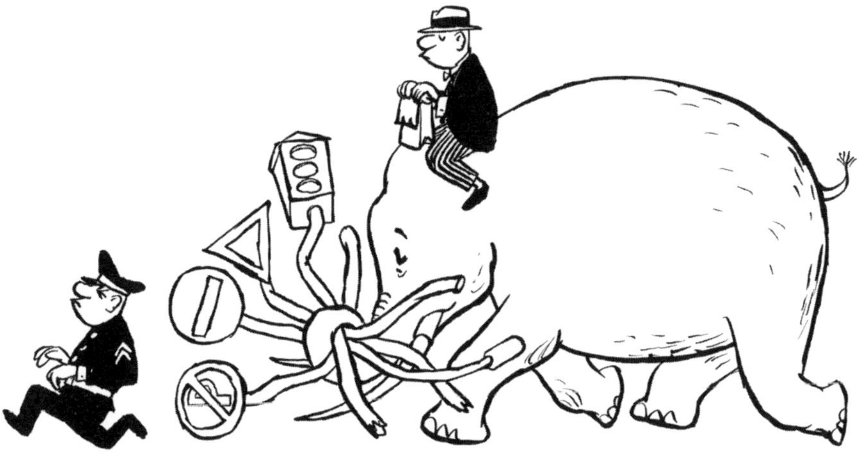

Elefanten sind verkehrsgünstig. Alle Probleme modernen Großstadtverkehrs löst das Tier spielend aufgrund seiner langjährigen Dschungelerfahrung.

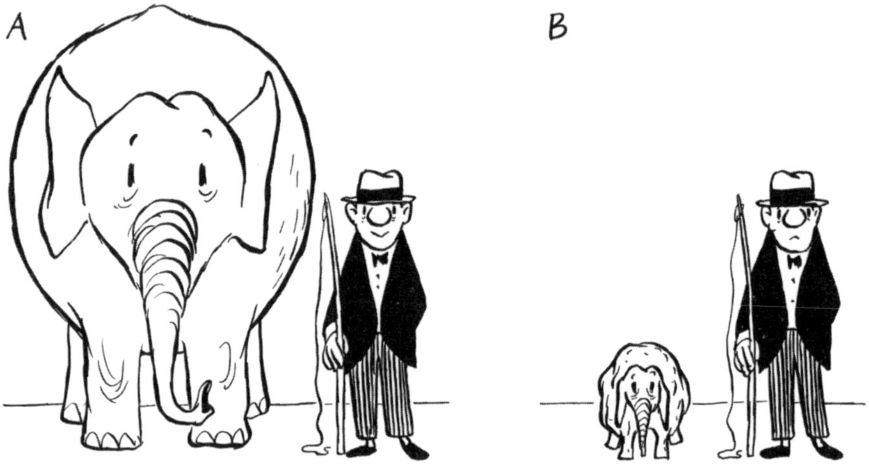

Elefanten sind empfindlich. Die Reinigung derselben erfolgt mittels handwarmer Seifenlauge. So lange spülen, bis das Wasser klar bleibt. Merke: *Auch ein Qualitätselefant* (A) *verliert durch falsche Behandlung an Größe und Ausdruck* (B).

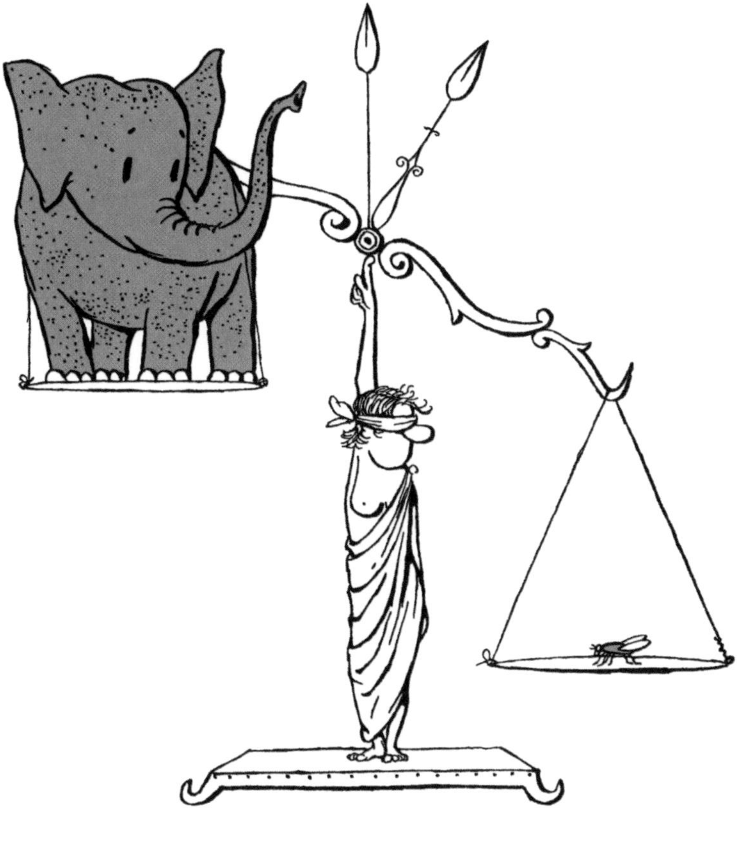

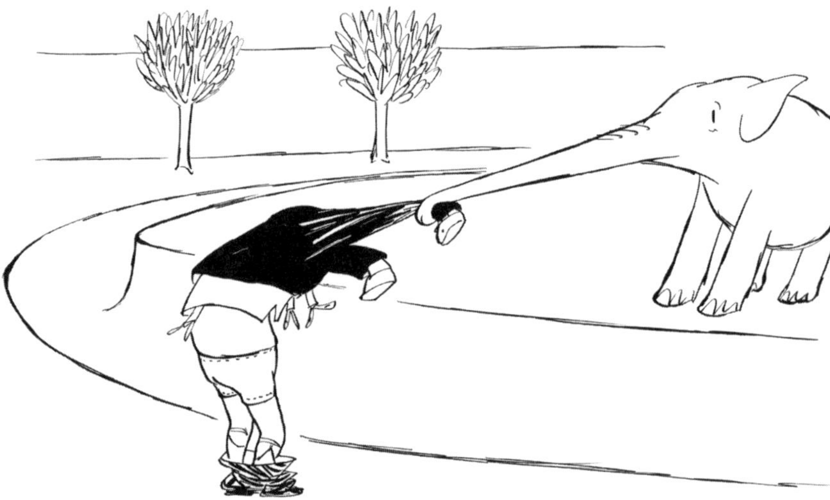

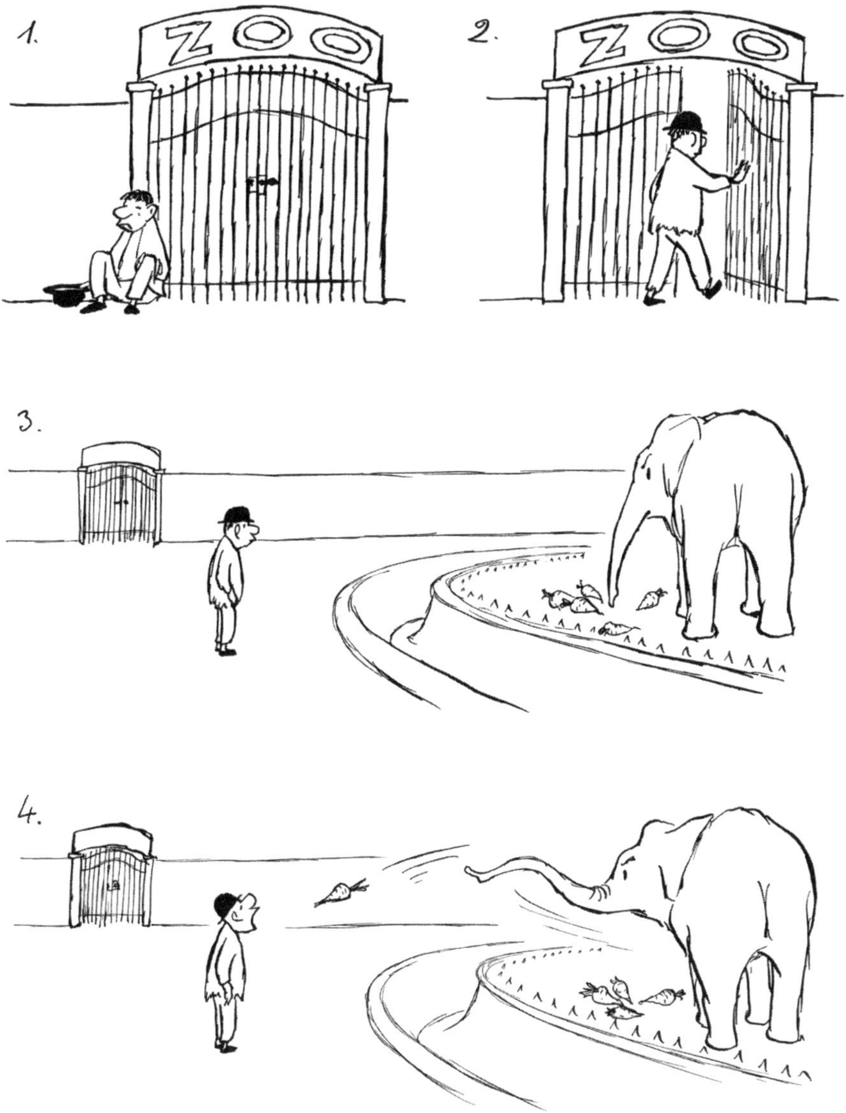
1.
ZOO
2.
ZOO
3.
4.

UMGANG MIT ALLERLEI GETIER

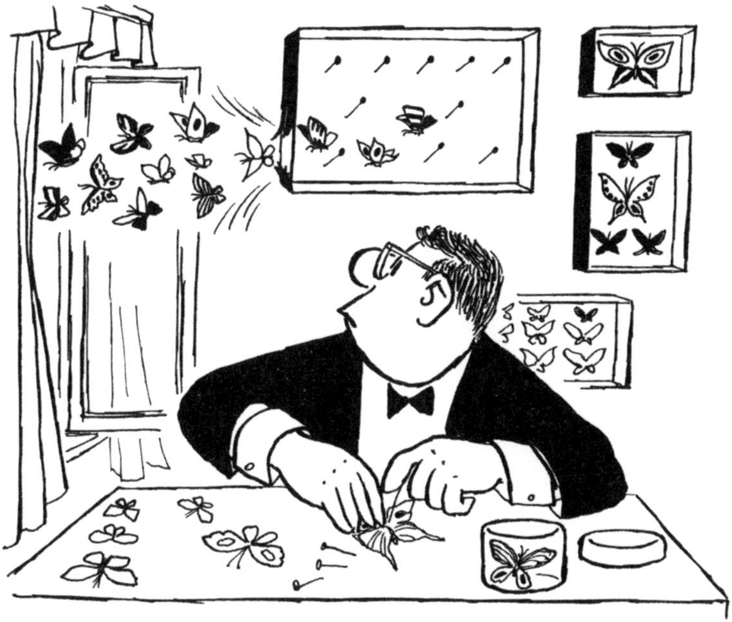

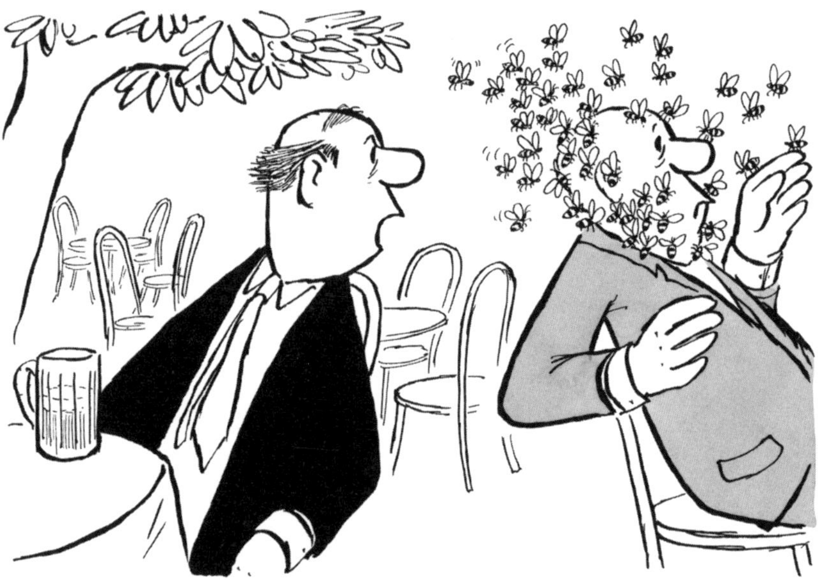

»Unterstehen Sie sich, die Tiere während des Ausschwärmens zu beunruhigen!«

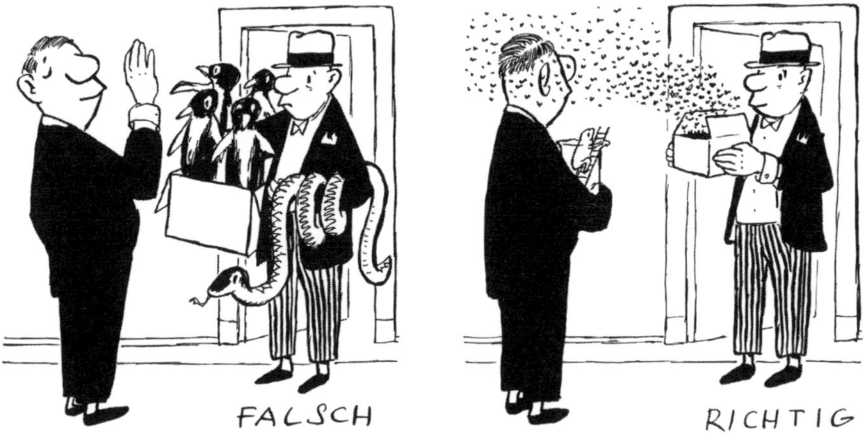

Ein Tierfreund ist bescheiden und wird daher seltene zoologische Geschenke stets höflich zurückweisen. Bringen Sie aber dem kleinen Liebling etwas mit, haben Sie sein Herz gewonnen (hier: Fliegen für den Laubfrosch).

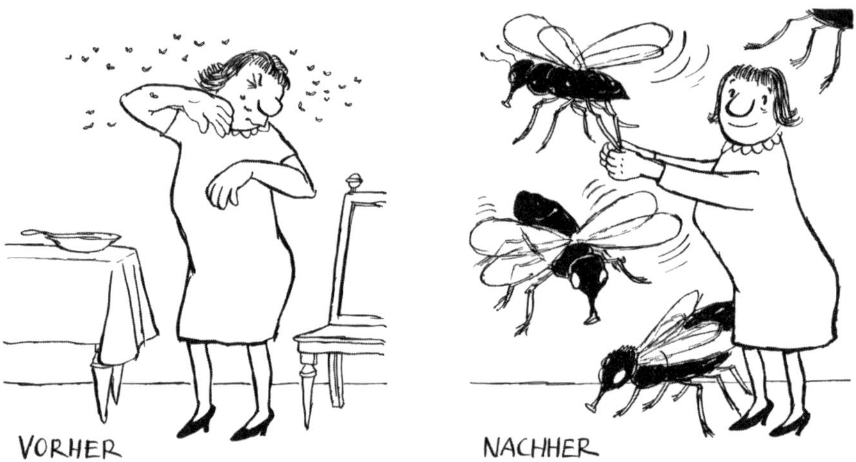

Endlich *fliegenfrei* wird auch Ihr Heim durch ›Frauentrost-Passiv-Pulver‹. Nach regelmäßiger Anwendung sind die kleinen Störenfriede kaum wiederzuerkennen und selbst von ungeübter Hand mühelos einzufangen.

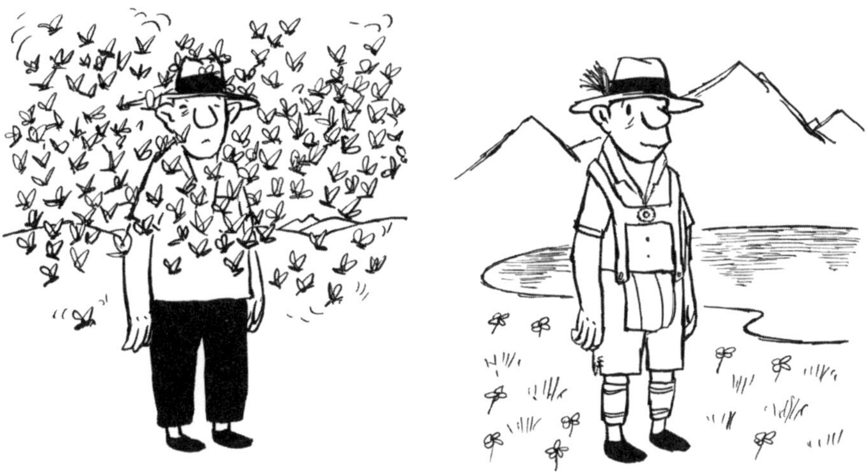

Herr Willi L. (34) litt auf seiner Plantage in Ostafrika heftig unter Heuschrecken (LINKS). Ich empfahl eine Luftveränderung, und schon bei seinem ersten Aufenthalt in Tegernsee waren die Tiere wie weggeblasen (RECHTS).

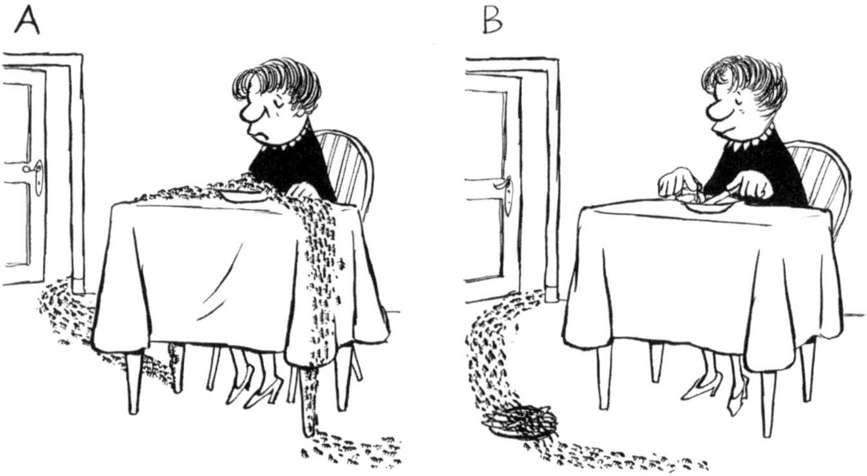

Seit Jahren wurde Fräulein Carla Z. bei Tisch von Ameisen belästigt (A). Dann folgte sie meinem Rat und verzichtete zugunsten der Tiere auf ihre Lieblingsgerichte (Stangenspargel mit Schinken usw.). Sie selbst beschränkt sich nun auf Speisen, die von Ameisen verabscheut werden. Zum Beispiel Schmierseife und Terpentinöl (B).

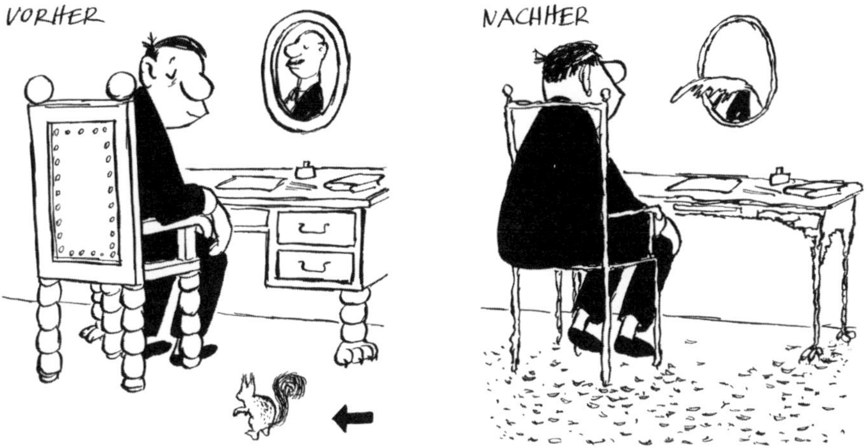

Eichhörnchen sind fleißige Nagetiere. Erfahrene Eichhörnchenhalter geben ihren Lieblingen deshalb Gelegenheit zur Kräftigung der Vorderzähne. Obenstehend Herr Otto Wilhelm F. vor und nach einer ungewöhnlichen Leistung des Eichhörnchens Eduard (PFEIL).

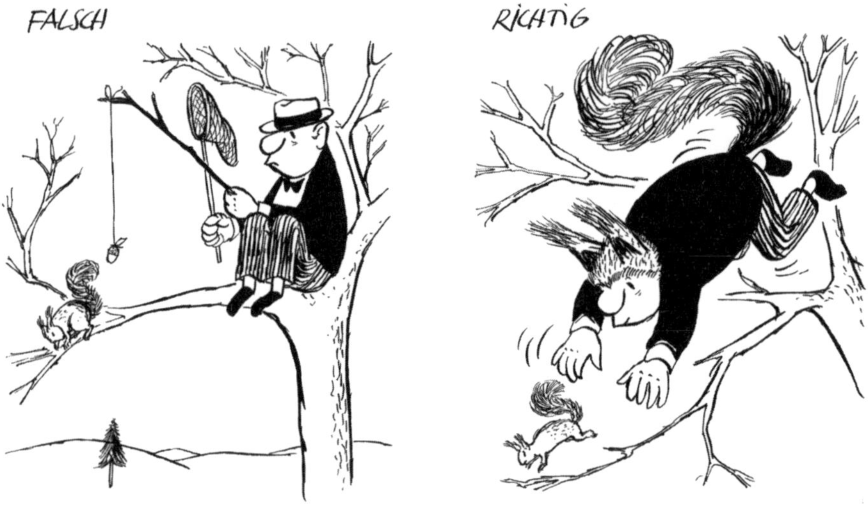

Laienhafte Jagdmethoden verärgern das intelligente Hörnchen. Dagegen sind erfahrene Eichhörnchenjäger, die durch zweckmäßige Jagdkleidung das Misstrauen der Tiere zerstreuen, in Eichhörnchenkreisen stets gern gesehen und mit Sicherheit von Erfolg begleitet.

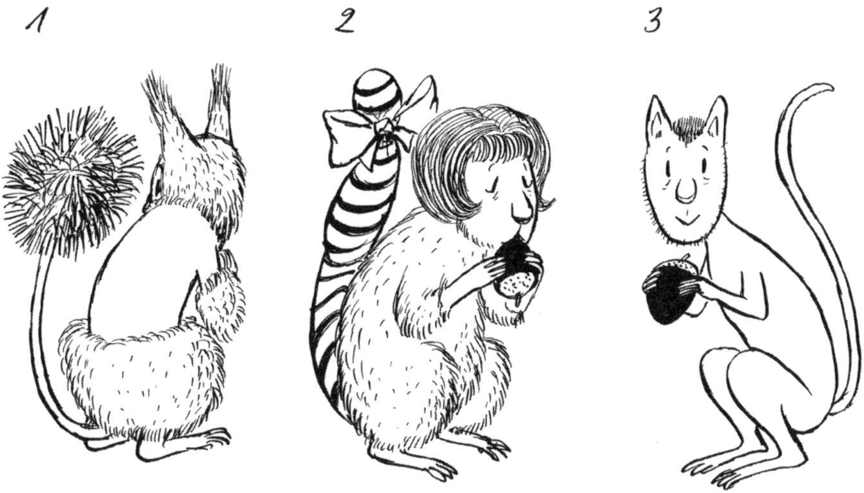

Verschaffen Sie dem gezähmten Tier durch eine zeitgenössische Frisur das Gefühl, wildlebenden Eichhörnchen überlegen zu sein: 1. die Pudelschur, eine kleidsame Herbstneuheit; 2. Perücke und farbiger Schwanzschoner, etwas für festliche Tage; 3. der Hardy-Schnitt, eine modische Neuheit für den Eichhörnchen-Twen. In Zweifelsfällen wird Sie Ihr Eichhörnchen-Salon gern beraten. Merke: *Eichhörnchenbesitz verpflichtet!*

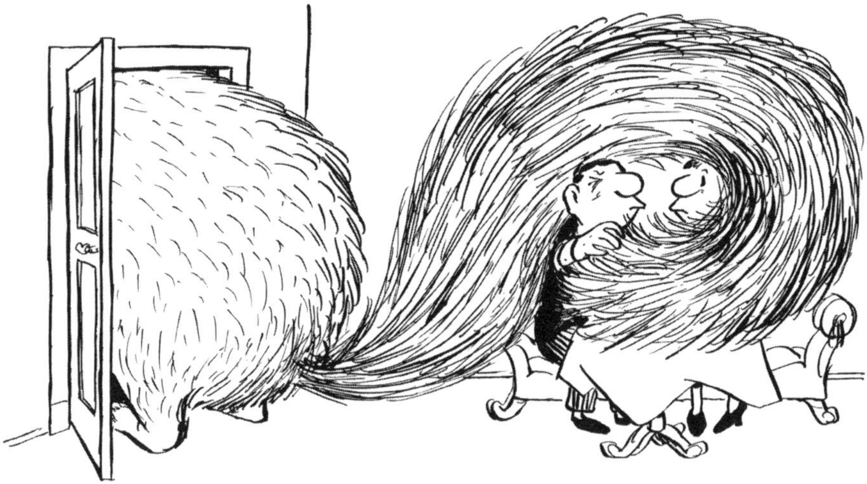

Das Rieseneichhorn *(Sciurus gigantis)* ist sehr selten und nur noch in einzelnen Exemplaren auf Sylt und in München-Giesing anzutreffen. In der Gefangenschaft benötigt es zu seinem Wohlbefinden ein Leerzimmer mit Balkon. Familiäres Entgegenkommen lohnt das Tier durch possierliche Zärtlichkeit.

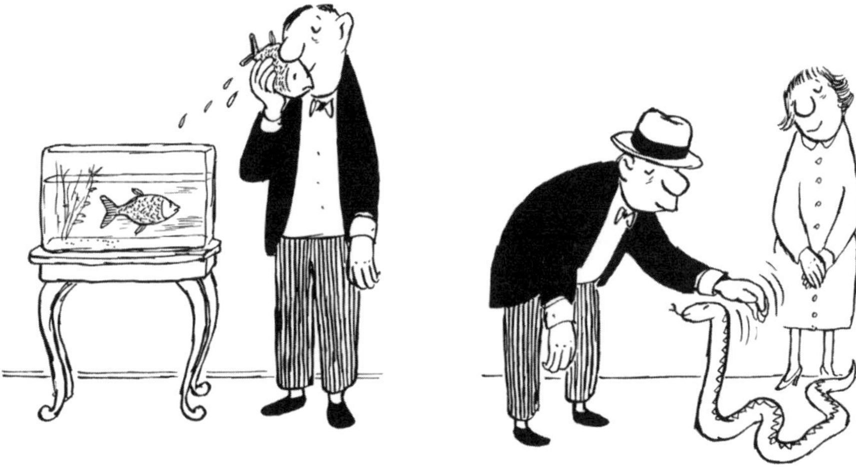

Wem es gelingt, die Liebe der Haustiere zu gewinnen, darf der bedingungslosen Zuneigung der Gastgeber gewiss sein.

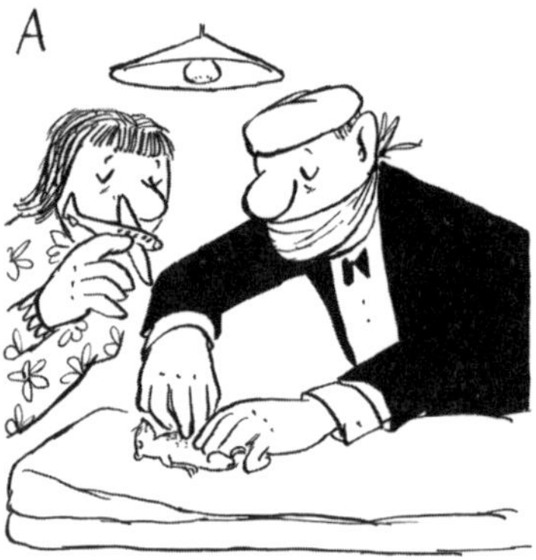

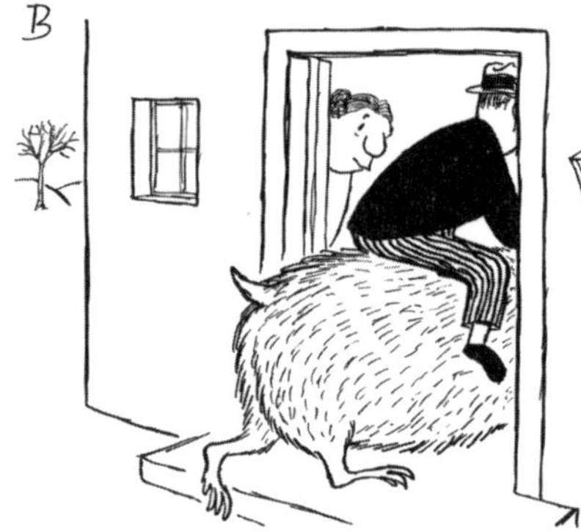

Goldhamster Viktor, in der Nähe eines Flughafens wohnhaft, war infolge der Lärmbelästigung körperlich stark zurückgeblieben. Nach zwölf entspannenden Ganzkörpermassagen und gleichzeitiger Belehrung über das Wesen der Luftfahrt (A) kehrte der prachtvoll entwickelte Viktor zu seinen glücklichen Besitzern zurück (B).

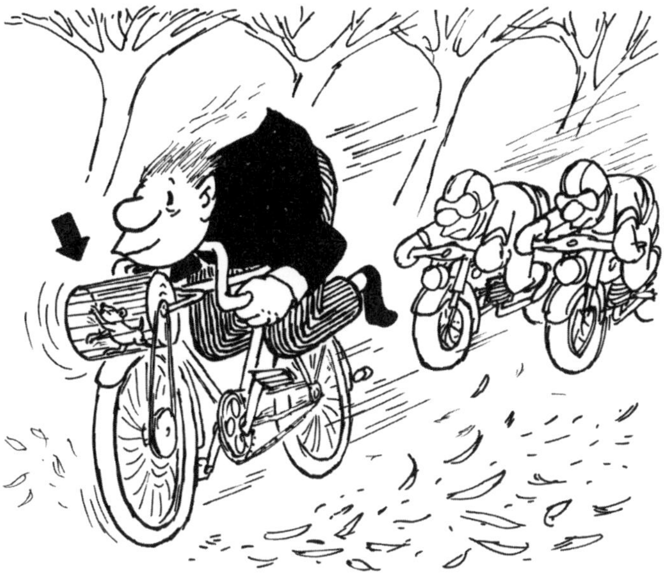

Nach Überfahren eines Rotlichts gelang es Herrn Schulte nur durch den selbstlosen Einsatz seines Goldhamsters Emil (PFEIL), einer motorisierten Polizeistreife zu entkommen.

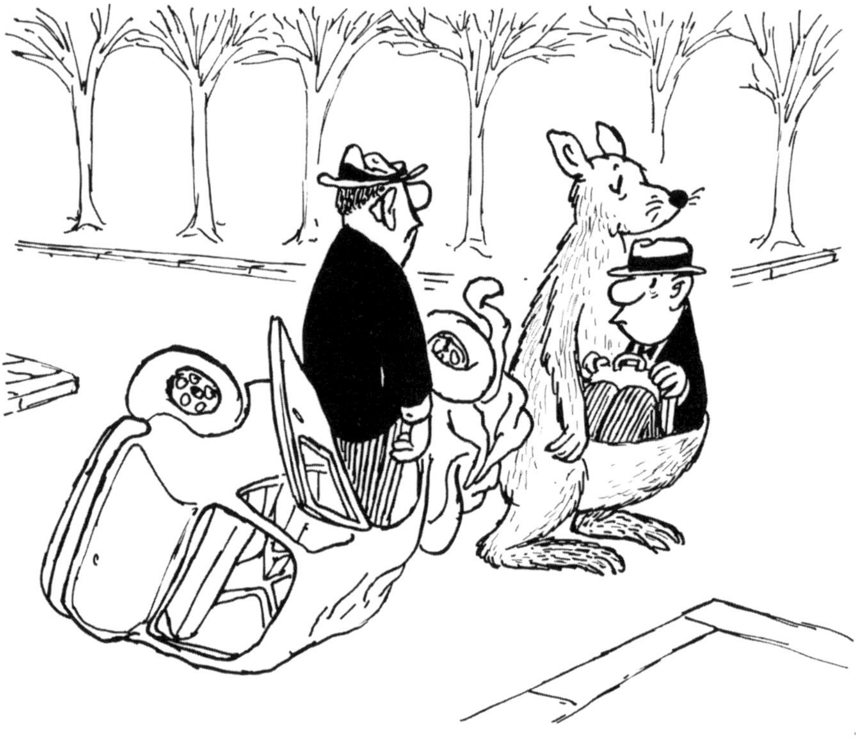

Herr Watenstedt (LINKS) kam zwar von rechts, aber nach der neuen Straßenverkehrsordnung haben dienstags zwischen 10.00 und 17.00 Uhr auch von links kommende Kängurus Vorfahrt.

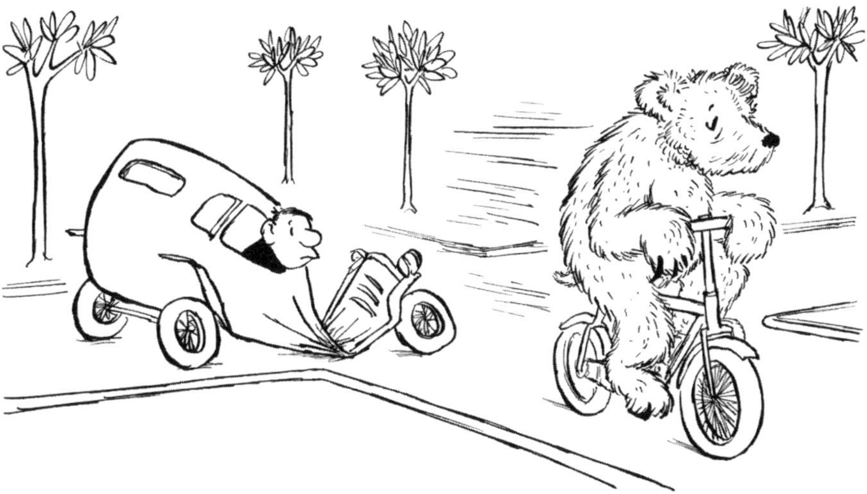

Radfahrenden Bären ist auch von links Vorfahrt zu belassen, da sie meist in Gedanken und daher unaufmerksam sind. Ein Vertreter aus Nieder-Ramstadt hatte nach einem entsprechenden Zwischenfall keine Freude mehr an seinem Automobil.

A

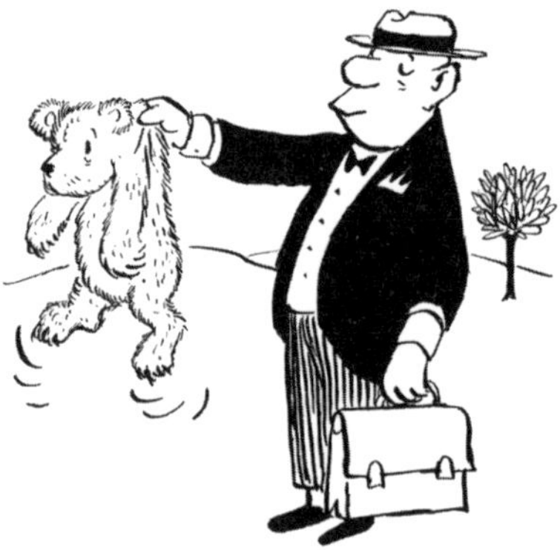

B

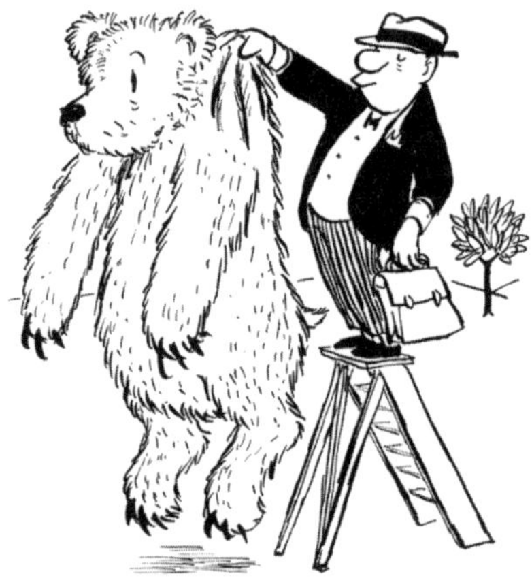

Möglichen Angriffsabsichten des Bären begegnet man durch einfaches Hochnehmen desselben. Voraussetzung hierfür ist der richtige Griff (A). Größere Exemplare erfordern eine Trittleiter (B). Ständiges Mitführen einer solchen ist ein Gebot bürgerlicher Sicherheit.

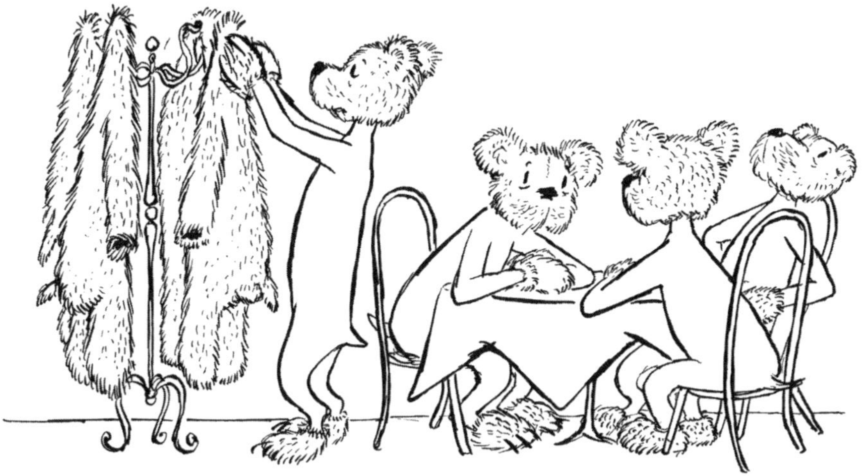

Bären neigen in der warmen Jahreszeit dazu, sich nachlässig zu kleiden. Besonders in Gaststätten sollte man ihnen das Ablegen der Garderobe keinesfalls gestatten. Merke: *Unbekleidete Bären sind kein Schmuck für deutsche Speisesäle!*

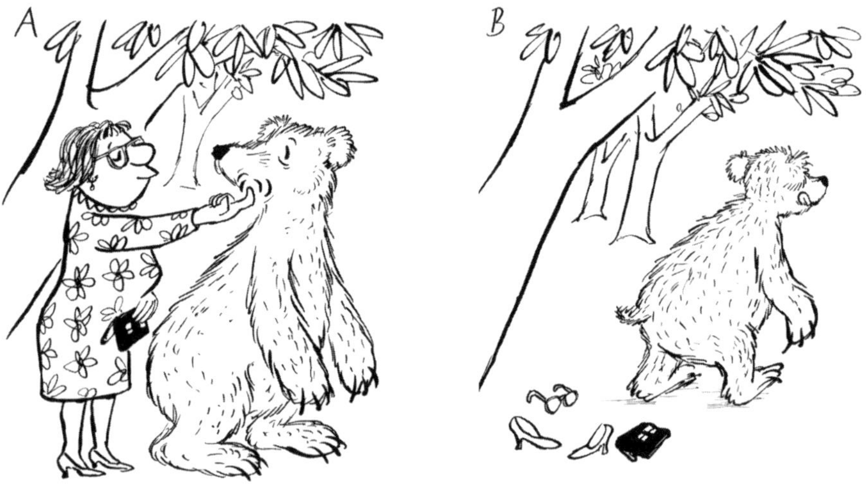

Liebkosungen sind nur in Einzelfällen gegenüber persönlich bekannten Bären angebracht. Eine Klavierpädagogin, die diesen Grundsatz am Pfingstmontag gegenüber einem fremden Bären missachtete (A), musste eine überraschende Erfahrung machen (B).

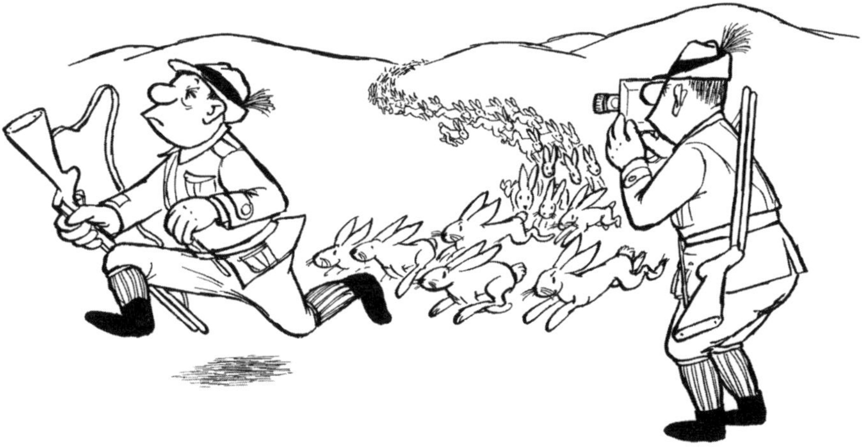

Anlässlich einer Jagd im Freundeskreis erzielte Fabrikant Ruprecht G. mit seiner Schmalfilmkamera eine Szene von größter waidmännischer Lebendigkeit.

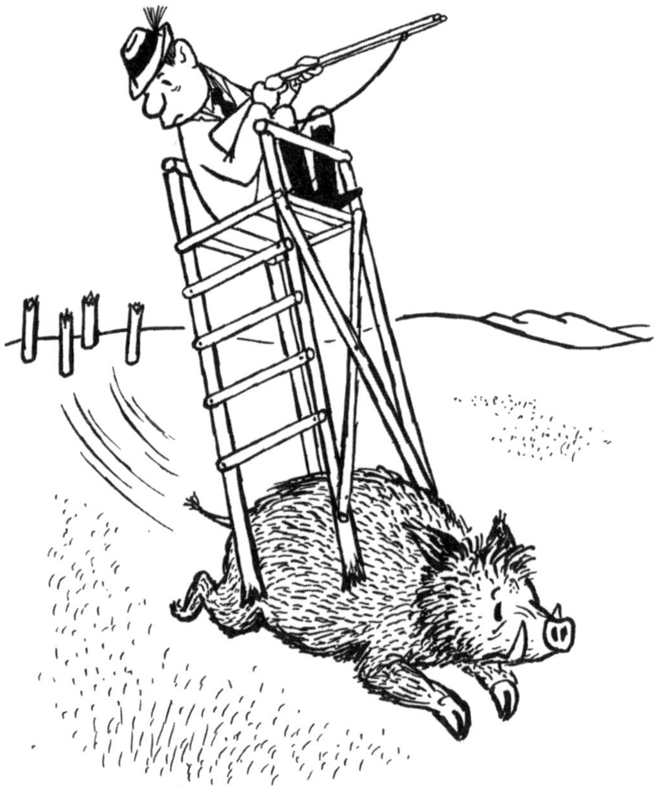

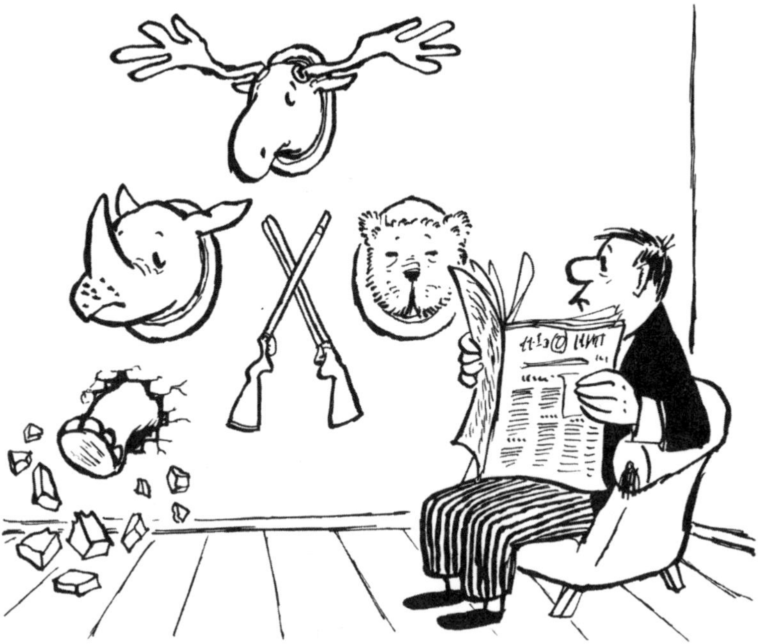

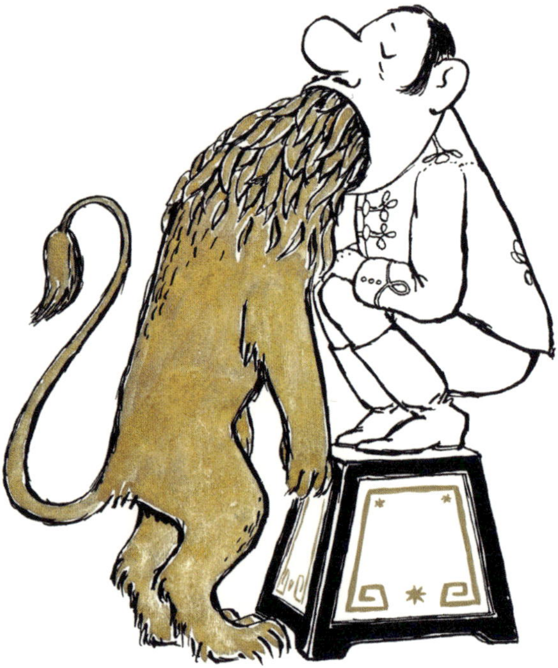

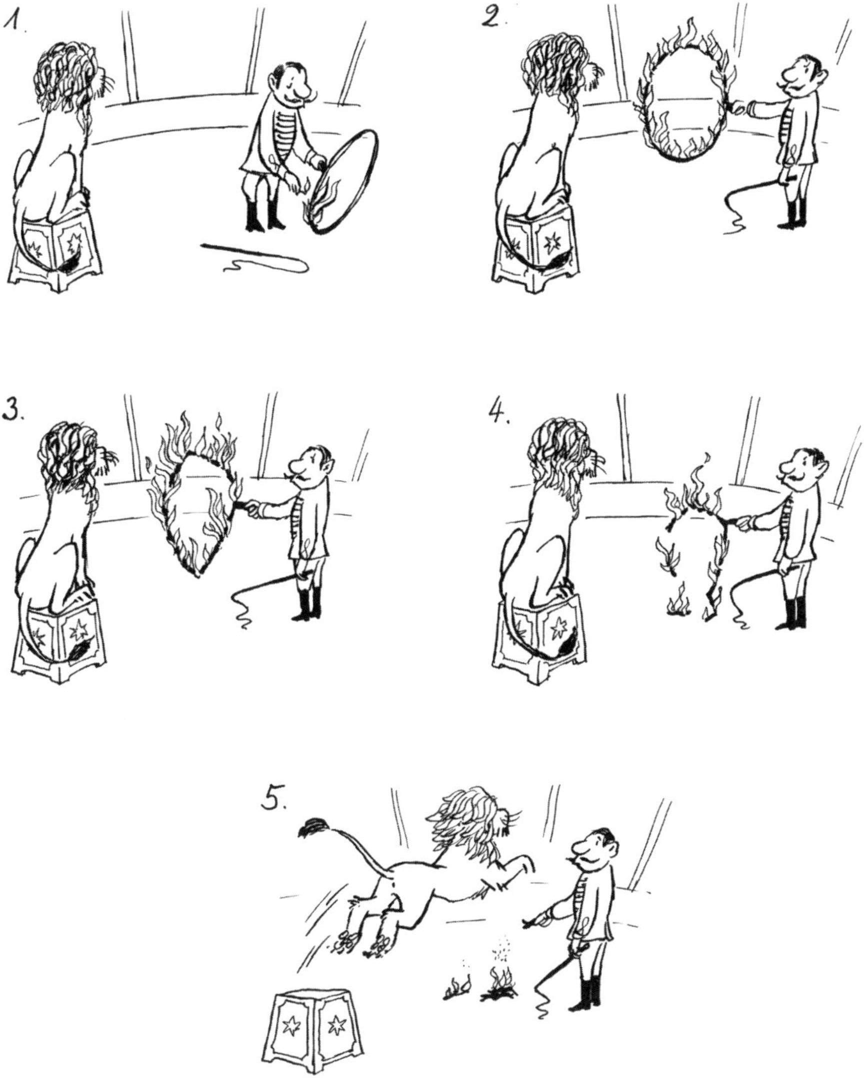
1.
2.
3.
4.
5.

UMGANG MIT ZENTAUREN

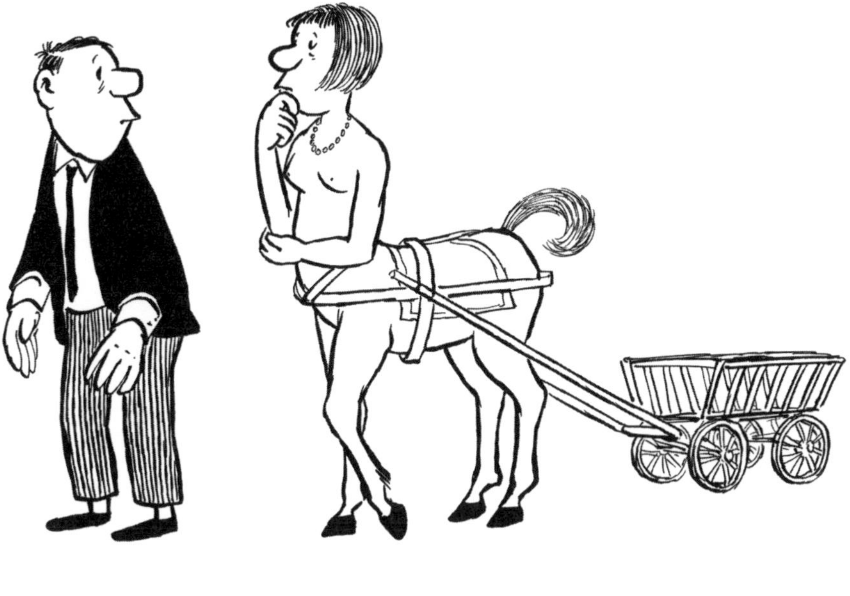

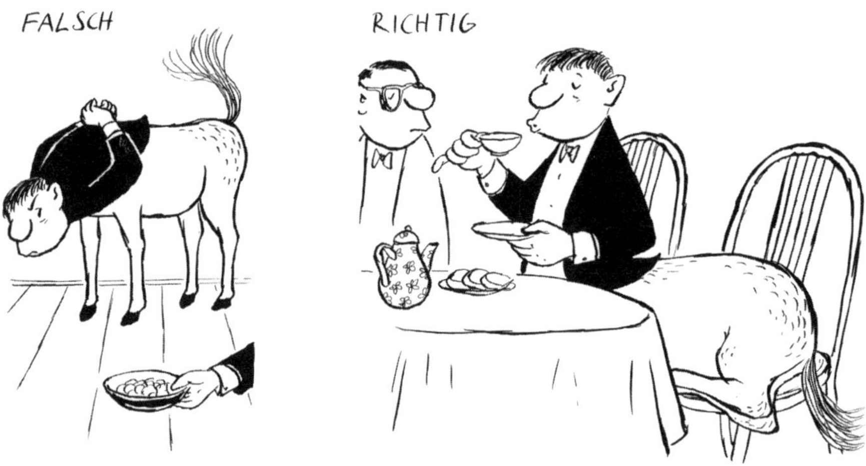

Zentauren sind leicht zu verletzen. Durch Fehler beim Servieren kann man sich die Zuneigung dieser gutmütigen, doch sensiblen Freunde des Menschen leicht für immer verscherzen.

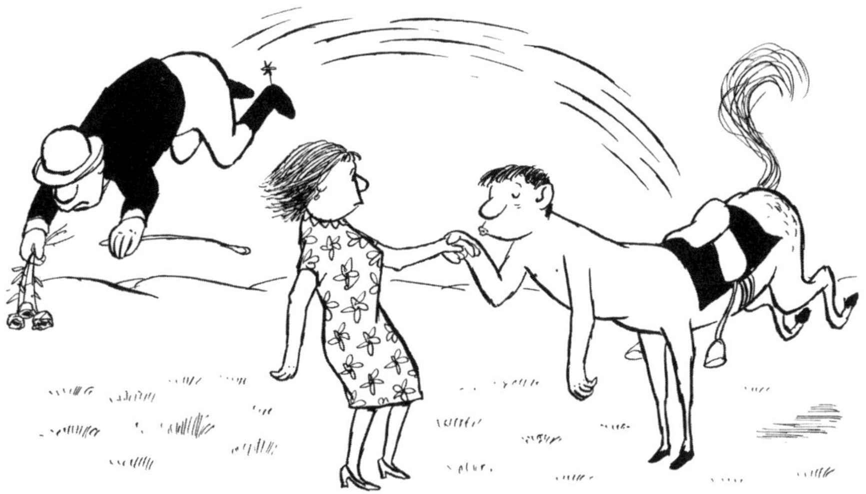

Jüngere Zentauren lassen häufig die nötige Reife vermissen (BILD). Ausgedehnte Erziehungsritte in scharfem Trab, aber auch Entspannung bei guter Lektüre und häuslichem Musizieren beruhigen die menschliche wie die tierische Hälfte Ihres vielseitigen Lieblings.

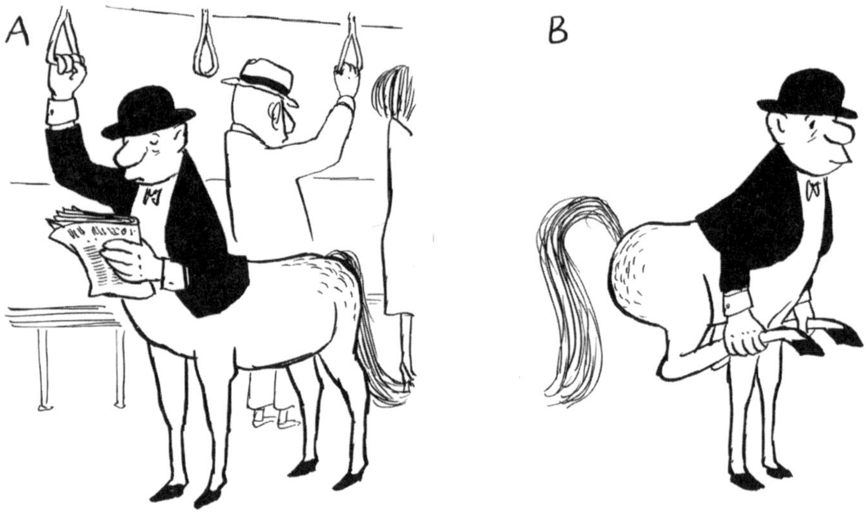

Der Zentaur (A) benötigt in öffentlichen Verkehrsmitteln zwei Fahrausweise. Nur als Reisender mit Traglasten (B) hat er Anspruch auf den Normaltarif. (Dasselbe gilt für Zentauren im Militärdienst oder unter vier Jahren.)

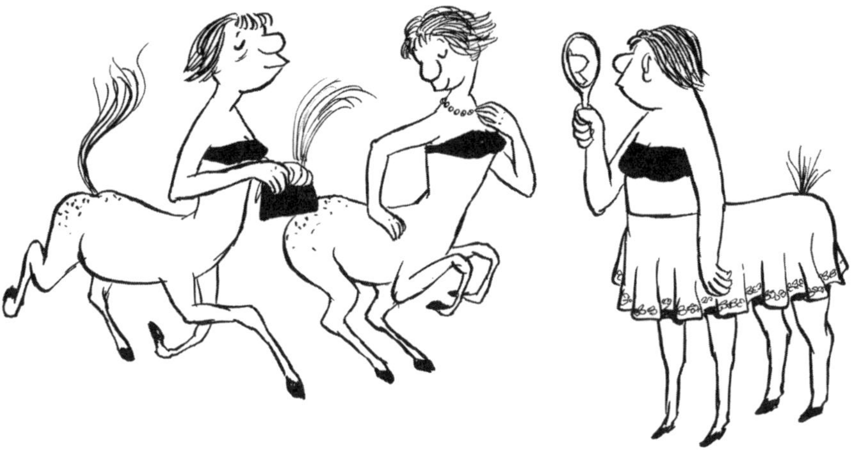

Weibliche Zentauren sind bisher unbekannt. Bei Auftreten derselben handelt es sich um Fälschungen oder Damen, die sich nur interessant machen wollen.

UMGANG MIT GUMMITIEREN

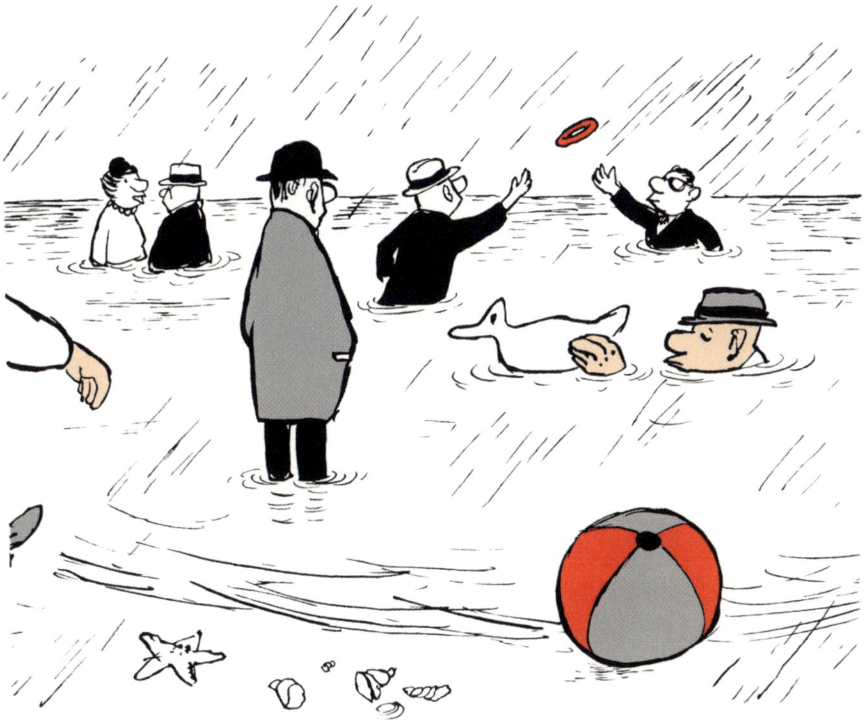

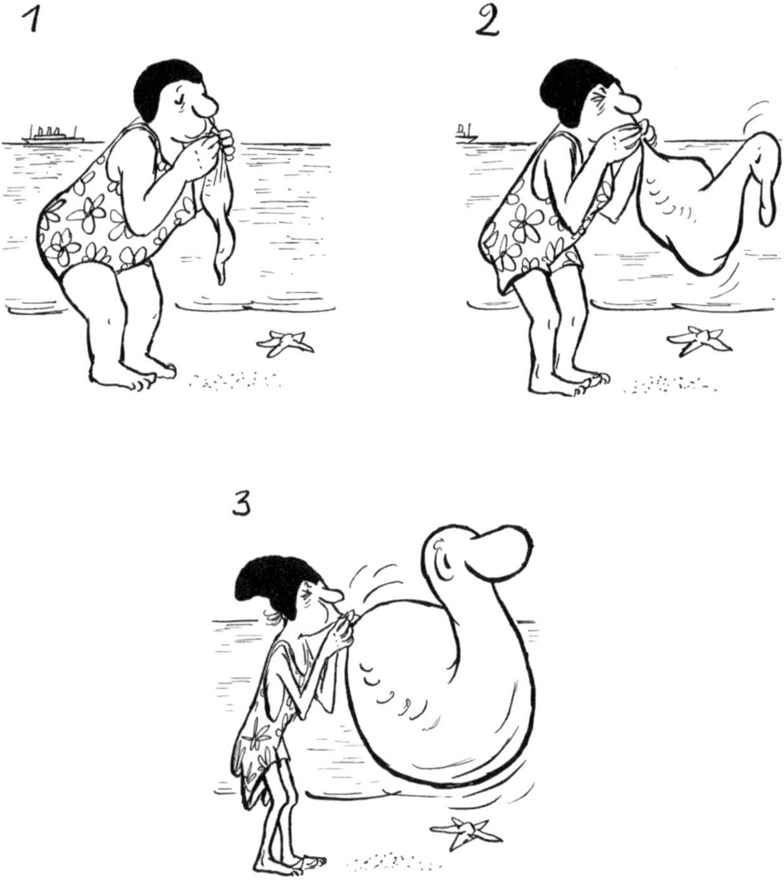

Das Aufblasen hat langsam zu erfolgen, um die Lunge nicht zu überlasten (ABB. 1–3). Rechtzeitige Beendigung des Blasens schont das Gummitier. Merke: *Im Interesse des Gummitierhalters geschieht das Herauslassen der Luft in umgekehrter Richtung.*

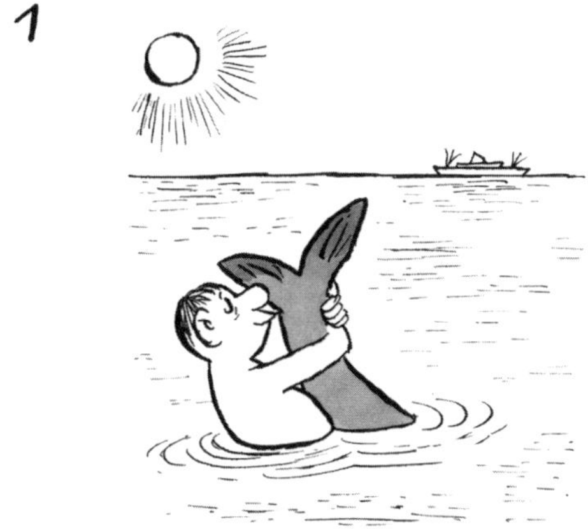

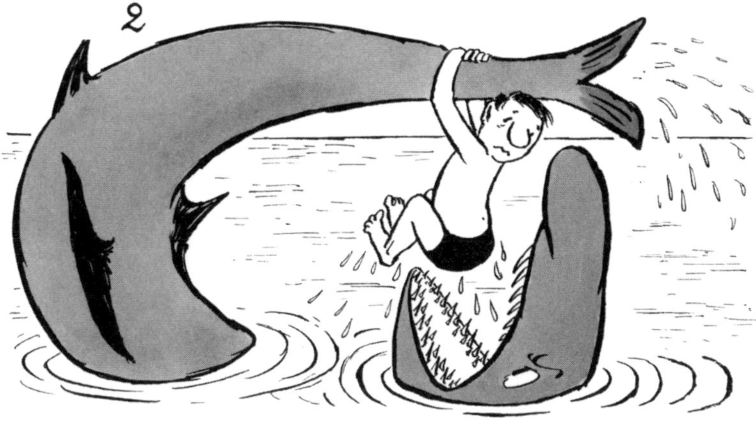

Beim Zeitvertreib mit herrenlosen Gummitieren ist Vorsicht geboten (1). Nur allzu oft hat auf hoher See die Berührung fremden Eigentums ein unangenehmes Nachspiel (2).

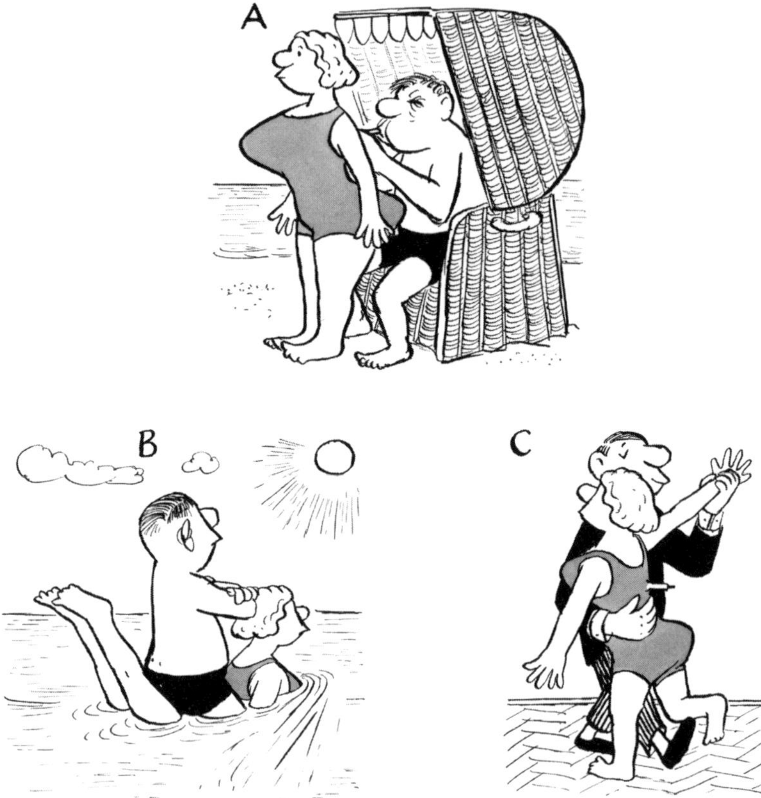

Das Mehrzweck-Gummitier mit der besonderen Note ist am in- und ausländischen Sandstrand immer häufiger anzutreffen. Beim Aufblasen (A) achte man darauf, die Grenzen des guten Geschmacks nicht zu überschreiten. Sodann erweist sich dieses Allround-Gerät beim Wassersport (B) wie auch bei abendlicher Geselligkeit (C) als formschöner Freizeitgestalter.

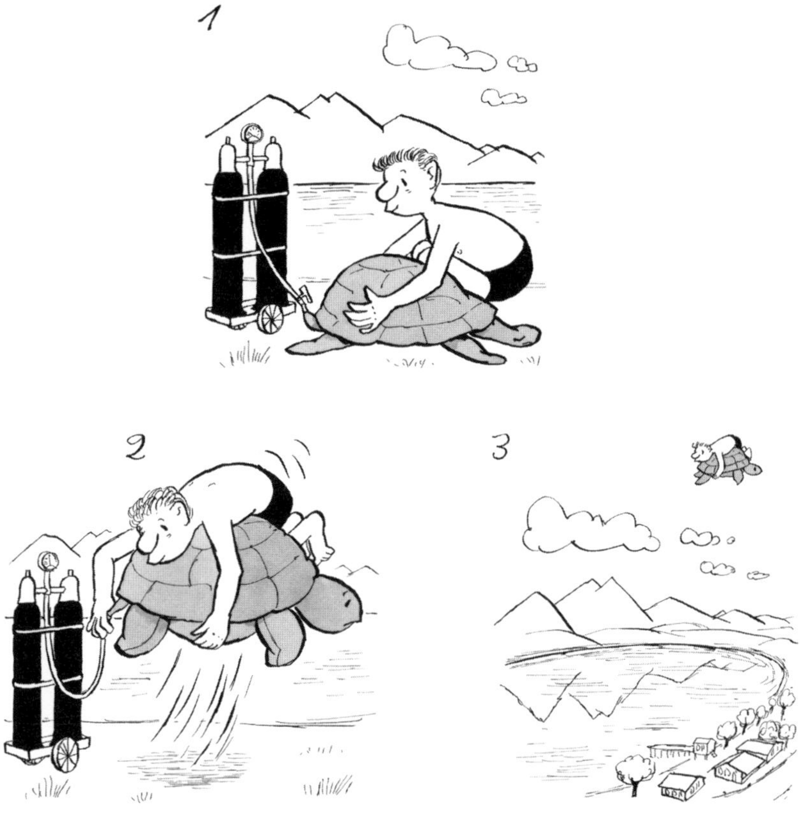

Von der Benutzung handelsüblicher Gasflaschen zum Füllen von Gummitieren muss nachdrücklich abgeraten werden. Ein Herr Moosleitner aus München, der alle Warnungen in den Wind schlug, wurde schon am ersten Urlaubstag über dem Starnberger See in Richtung Ulm abgetrieben und ist seither nicht mehr gesehen worden.

DAS ZOOLOGISCHE FASCHINGSKOSTÜM

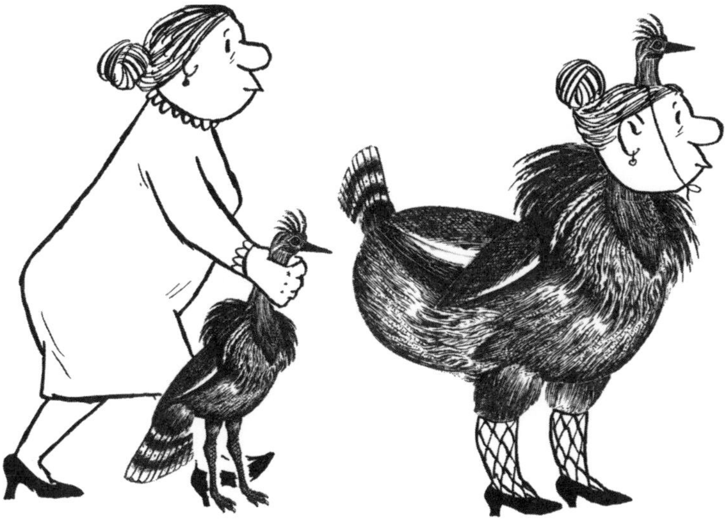

Der Paradiesvogel ist das ideale Kostüm für vollschlanke Damen, die das Graziöse lieben. Es erfüllt auch überspannte karnevalistische Erwartungen.

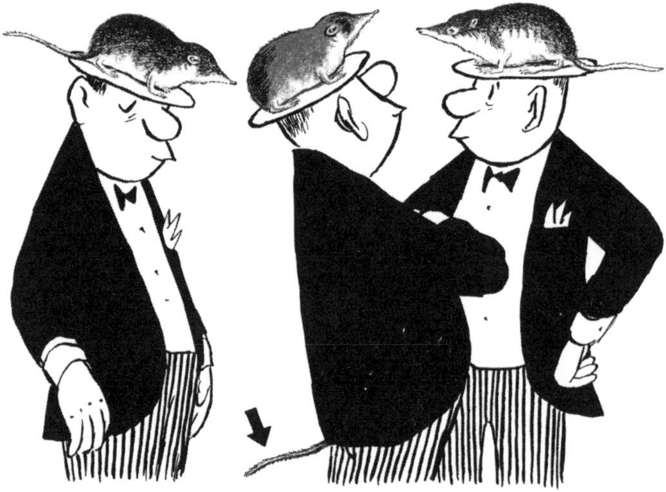

Unter Wühlmaus versteht man ein kleidsames Teilkostüm für Herren im Gesellschaftsanzug. Der Mauseschwanz kann sowohl oben als auch unten (PFEIL) getragen werden.

1

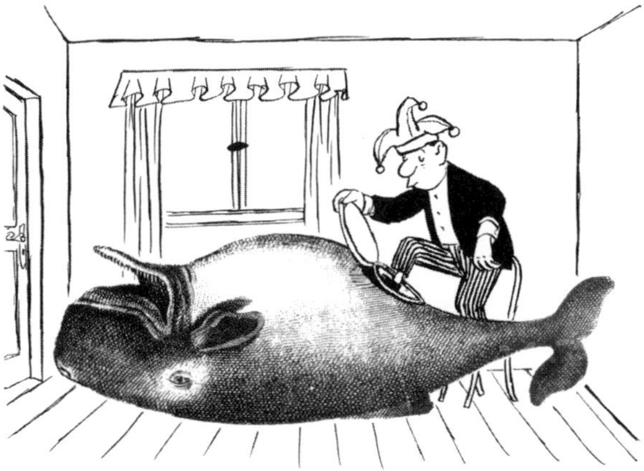

2

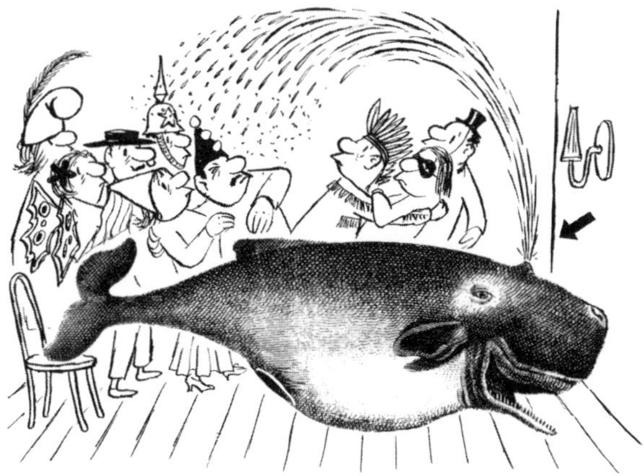

Der Wal wird als Kostüm wegen des bequemen Einstiegs (1) und seiner kühlen Geräumigkeit von Herren bevorzugt, die auch im Fasching nicht auf horizontale Gelassenheit verzichten wollen. Der eingebaute Scherzartikel ist ausreichend für dreimaligen Frohsinn (PFEIL). Das Kostüm bietet in dringenden Fällen mehreren Personen Zuflucht (2).

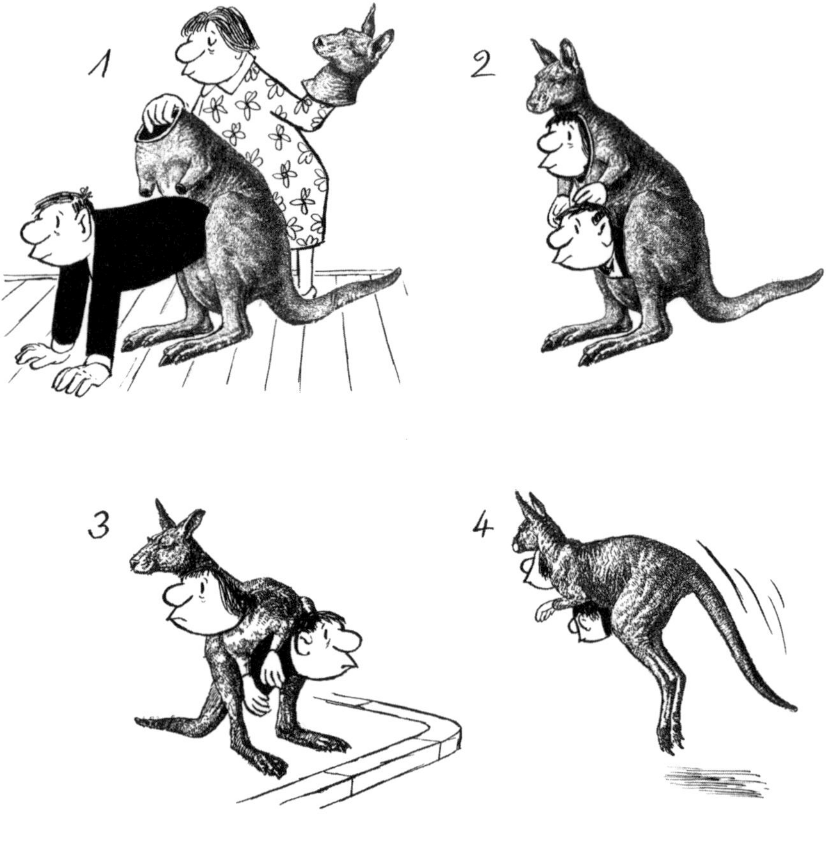

Das Känguru ist ein sehr seltenes Karnevalskostüm und für Ehepaare gedacht, welche die tollen Tage gemeinsam verleben wollen. ABB. 1 zeigt eine Wuppertaler Gewerbelehrerin mit ihrem Gatten während des Kostümierens. Dann die Eheleute ballfertig (2), auf ein Taxi wartend (3) und beim Tanz (4).

A

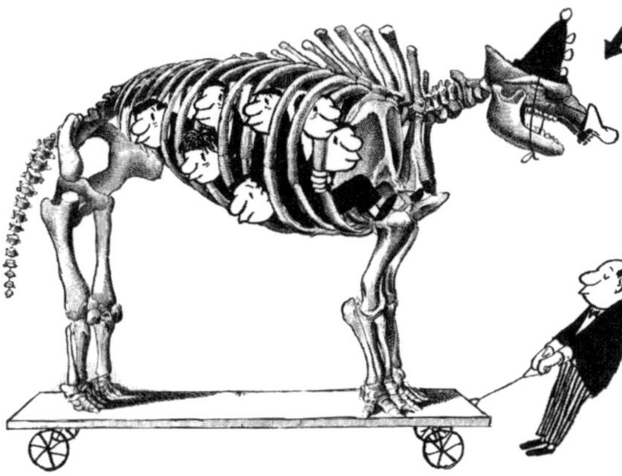

B

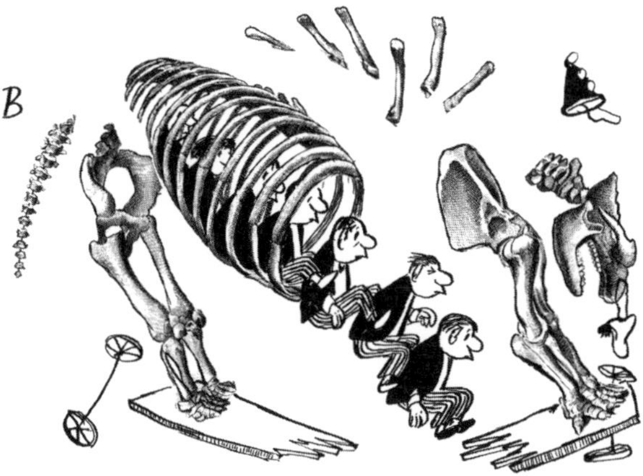

Das Mastodon ermöglicht den Faschingsbesuch auf betrieblicher Basis (A). Bis zu zwölf Betriebsangehörige kommen sich im Innern des Tieres menschlich näher. Hütchen und Pappnase mit Bart (PFEIL) geben einen lustigen Akzent. Hinweis: *Übermütige Bewegungen wie Schunkeln gefährden das Kostüm und können den Festverlauf nachteilig beeinflussen* (B).

DAS IDEALE HAUSTIER

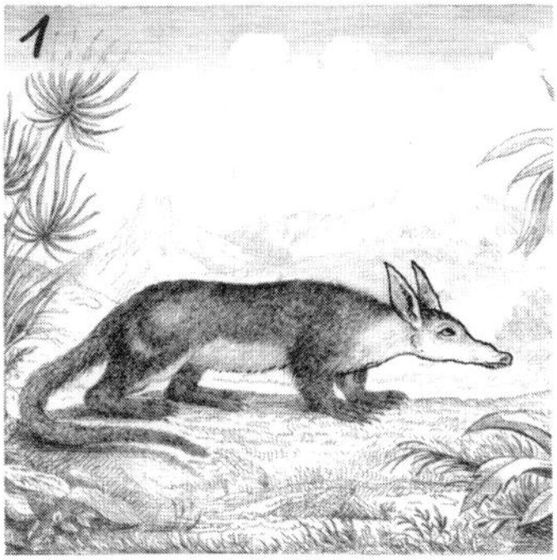

Das Erdschwein
(Orycteropus)

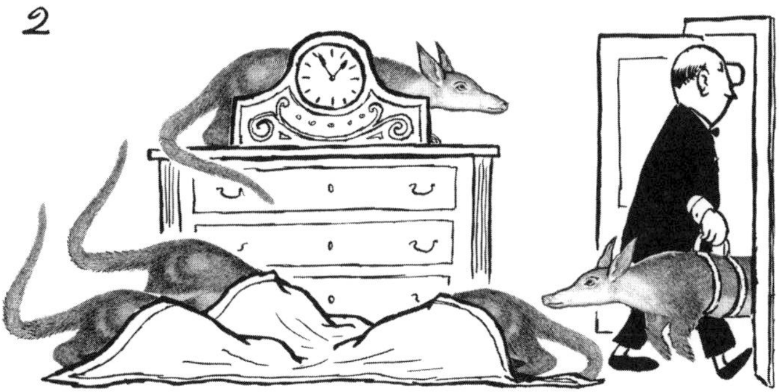

Herrschaften von stiller Wesensart werden sich zu einem Erdschwein (1) hingezogen fühlen. Das anhängliche Tier ist wartungsfrei, tagsüber kaum zu sehen und verlässt nur an Herrchens Hand das Haus. Im Wohnzimmer eines namhaften Staatsanwalts und Erdschweinfreundes erinnert wenig an die Anwesenheit von vier weiteren Orycteropussen (2). Gebräuchliche Rufnamen für Erdschweine sind Engelbert, Siegfried, Seppl und Victor.

1

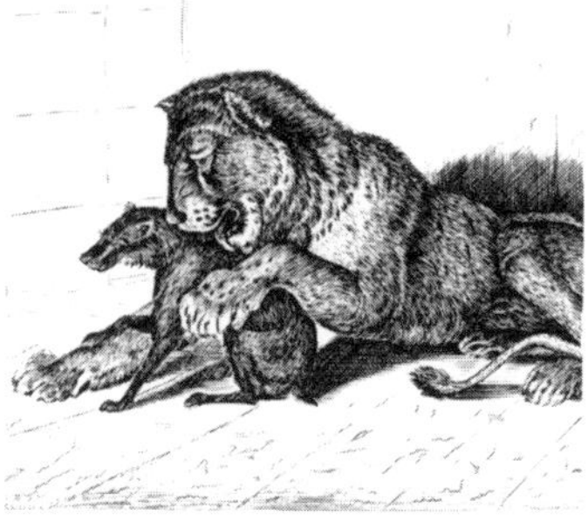

Das Löwenweibchen
(Felis leo f.)

2

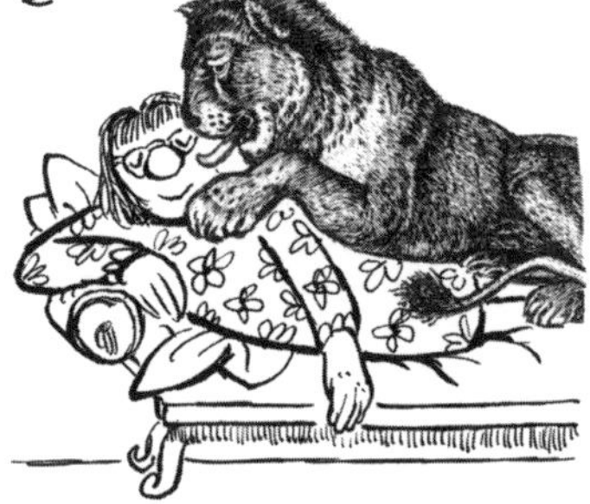

3

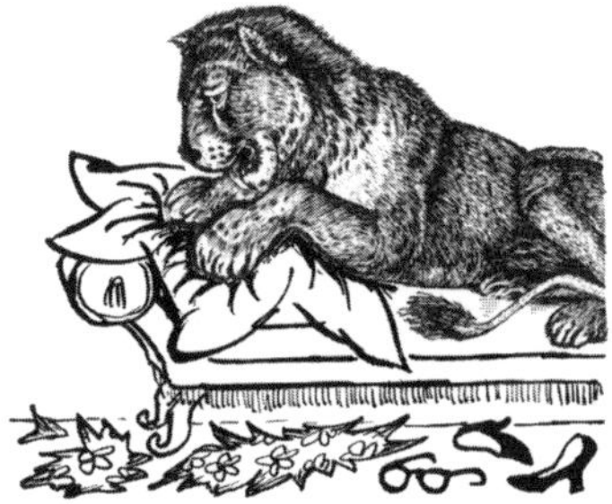

Weibliche Löwen bestechen durch warme Mütterlichkeit und vornehme Repräsentation (1). Insbesondere alleinstehenden Damen aus besserem Hause gewährt das edle Tier neben rührender Zärtlichkeit (2) auch persönlichen Schutz und das Gefühl von Sicherheit und Selbstvertrauen. Gelegentliche unvorhergesehene Zwischenfälle (3) sind bedauerliche Ausnahmen, die nicht verallgemeinert werden dürfen.

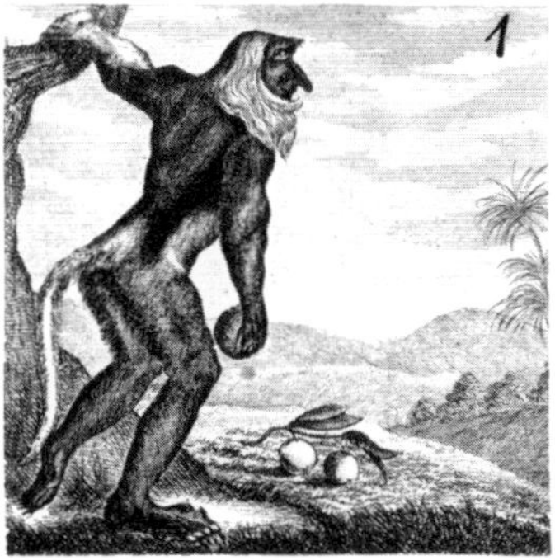

Die langnasige Meerkatze
(Nasalis larvatus)

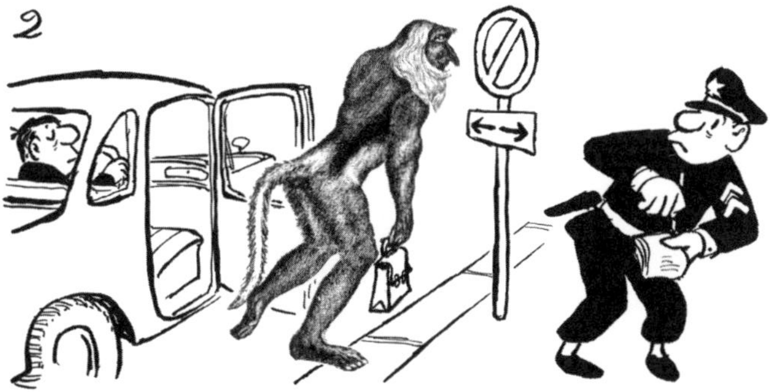

Menschen, die den Frohsinn und einen Kameraden für dick und dünn suchen, finden in der langnasigen Meerkatze (1) einen idealen Gefährten. Seine charakterlichen und geistigen Anlagen befähigen das Tier sowohl zum gemeinsamen Besuch von Theater und Konzert als auch zu nützlichem Einsatz in kritischen Situationen des Alltags (2).

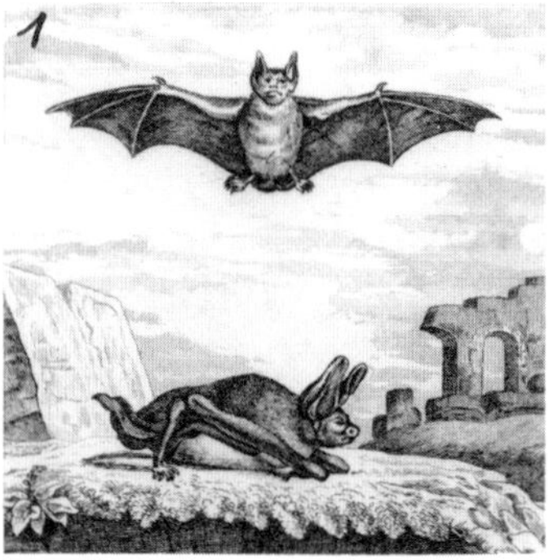

Die Riesenfledermaus
(Megachiroptera)

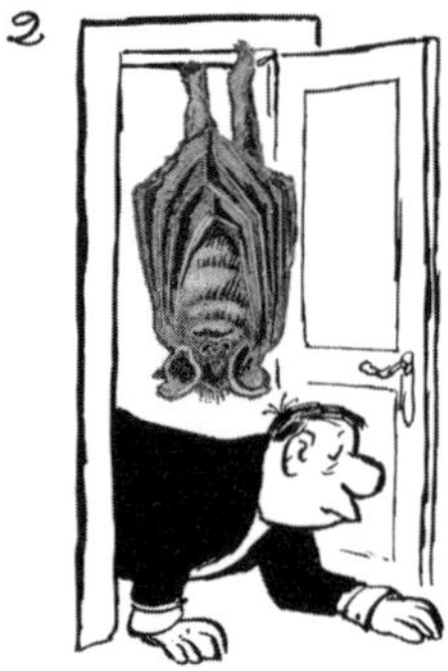

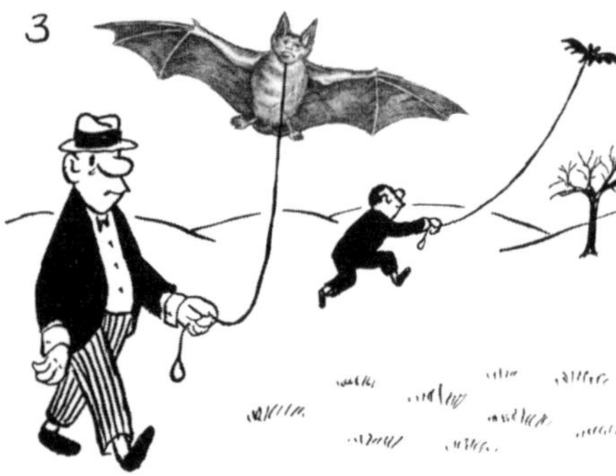

Sportlich eingestellte Haustierfreunde greifen gern zu Riesenfledermäusen (1). Das tagsüber meist schlafende Tier trainiert die körperliche Geschmeidigkeit seines Besitzers (2). Allnächtliches Ausführen und mehrstündiges Steigenlassen der Fledermaus stillt auf angenehme Weise das Bedürfnis des Tierhalters nach Bewegung und frischer Luft (3).

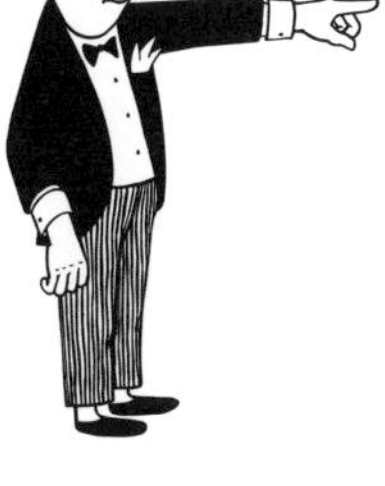

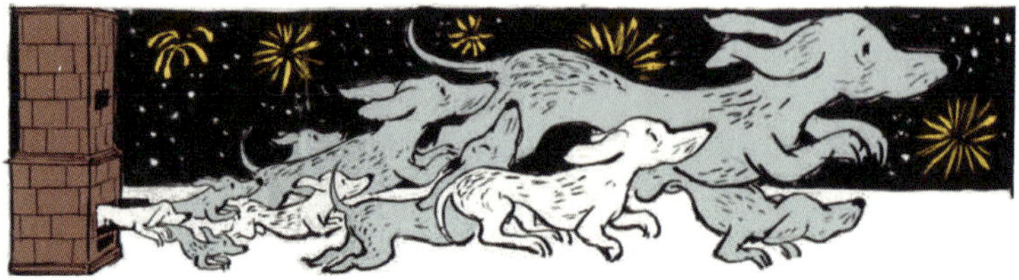

WEITERE BÄNDE IN DIESER REIHE

FAHRVERGNÜGEN
MIT LORIOT

IM WAHLKAMPF
MIT LORIOT

EIN HUNDELEBEN
MIT LORIOT

FREIZEIT
MIT LORIOT

DURCH DIE WOCHE
MIT LORIOT

SCHÖNER LEBEN
MIT LORIOT

WEIHNACHTEN
MIT LORIOT

DURCHS JAHR
MIT LORIOT

REISEN
MIT LORIOT

KOCHEN & GENIESSEN
MIT LORIOT

WOHNEN
MIT LORIOT

ZURÜCK ZUR NATUR
MIT LORIOT

KINDERFREUDEN
MIT LORIOT